Jana Huhn

Von Kopf bis Fuß

Jana Huhn

Von Kopf bis Fuß

Weil man manchmal erst Umwege gehen muss, um bei sich selber anzukommen

DIANA

Zitatnachweis S. 173
Olivia Wenzel, *1000 Serpentinen Angst.* © S. Fischer Verlag GmbH,
Frankfurt am Main 2020.

MIX
Papier aus verantwortungsvollen Quellen
FSC® C083411
FSC
www.fsc.org

Penguin Random House Verlagsgruppe FSC® N001967

Neumarkter Straße 28, 81673 München
Redaktion: Janine Malz
Umschlaggestaltung: Favoritbuero GbR, München
Umschlagmotiv: © Jaqui Dresen @jaquidanslanuit
Innenteilfotos: Jaqui Dresen @jaquidanslanuit: Fotos 6 und 10,
restliche Fotos: Jana Huhn
Satz: Uhl + Massopust, Aalen
Druck und Bindung: CPI books GmbH, Leck
Printed in Germany

ISBN 978-3-453-29262-8

www.diana-verlag.de

**Das Ding mit dem Erwachsenwerden ist,
dass man eigentlich gar nicht so genau weiß,
wie es wirklich geht.**

Wie schön, dass du mein Buch in den Händen hältst.
Dieses Buch habe ich aus tiefstem Herzen geschrieben für:

Dich.

Mich.

Und alle anderen, die es gerade brauchen.

Inhalt

1

Vorwort

Wenn du dieses Buch liest, solltest du wissen, dass ich es während der Corona-Pandemie geschrieben habe. Eine Zeit, in der vieles passiert ist. Eine Zeit, in der vieles anders gekommen ist als geplant. Eine Zeit meines persönlichen Umbruchs.

Seit Monaten hadern wir mit der Zukunft, die so sicher schien, und nun gerät alles ins Wanken. Das Leben, das vorher so atemlos wie selbstverständlich war, gibt es nicht mehr, und wir erleben eine Zeit voller Unsicherheiten. Eine Zeit voller Wehmut, Ängste, Hoffnungen, Träume und der Sehnsucht nach ein wenig Normalität. Oder der Sehnsucht nach dem, was noch nicht war und plötzlich entdeckt werden will.

Doch irgendwo zwischen Hoffnung und Lähmung keimt sie, die kleine, große Chance. Eine Chance der Veränderung. In jeder Hinsicht. In einer Zeit, die so unberechenbar scheint, bekommen wir die Chance, uns neu zu sortieren.

Die Chance, mal ganz tief in uns hineinzuhorchen.

• • •

Wenn wir wollen. Und wenn wir können.

Fragen, die wir uns vorher so nicht gestellt hätten, tauchen plötzlich auf der Bildfläche auf. Bin ich glücklich? Was macht mich glücklich, was nicht, und mit wem will ich glücklich sein? Wo liegen meine persönlichen Grenzen, und wie kann ich sie meinem Umfeld mitteilen, ohne jemanden vor den Kopf zu stoßen? Wie führe ich das Leben, das ich mir wünsche? Wie mache ich Platz für Neues, ohne das Alte aufzugeben, und wie komme ich durchs Leben, ohne durchzudrehen?

Das sind nur einige der Fragen, die ich mir gestellt habe und immer noch stelle. Das Leben ist ein ständiger Lernprozess, und egal wie sehr wir glauben, alles schon zu kennen oder durchlebt zu haben, lernen wir immer wieder neu dazu. Tag für Tag. So auch ich. Ich bin im ewigen Prozess mit mir selbst.

In diesem Buch werdet ihr übers Scheitern lesen, über gute und schlechte Zeiten und was mir geholfen hat, meine eigene Mitte zu finden. Oder, besser gesagt, wie ich immer wieder von Neuem nach ihr suche.

In diesem Buch möchte ich über meine wichtigsten Stationen der Vergangenheit sowie der letzten Jahre reden. Über Dinge, die mich schon sehr lange begleiten, die ich aber jetzt erst angefangen habe, zu reflektieren und aufzuarbeiten. Hier findet ihr Geschichten von damals und von heute. Geschichten von kurzen und langwierigen Prozessen, und wie ich stets versuche, mich und das Leben besser zu verstehen.

• • •

Dieses Buch schreibe ich vor allem für mich selbst, um all das festzuhalten, was mich geprägt, verändert und fast zur Verzweiflung getrieben hat. Dieses Buch schreibe ich aber auch für dich, um dir zu zeigen, dass du mit deinen Gefühlen, Empfindungen, Erfahrungen, all deinen unschönen und schönen Momenten nicht alleine bist. Ich sehe dich. Ich verstehe dich. Ich höre dich. Ich frage mich manchmal, ob es noch ein Buch braucht, in dem jemand über verschiedene Stationen, die Höhen und Tiefen seines Lebens redet. Aber die Antwort lautet JA, da ich glaube, Nein weiß, dass es nicht genug Bücher geben kann, durch die man sich gehört, gesehen und verstanden fühlt, egal wovon sie handeln. Wir brauchen es schwarz auf weiß, dass es Menschen da draußen gibt, die die gleichen Probleme haben wie wir selbst, damit wir uns weniger verloren fühlen.

• • •

Das Buch möchte ich mit einem Text beginnen, den ich 2019 schrieb und der aus heutiger Sicht für mich aktueller ist als je zuvor:

• • •

Du musst nicht unbedingt den kürzesten Rock anziehen und den tiefsten Ausschnitt tragen, damit dich Männer wahrnehmen. Es ist o. k., nicht zu wissen, was du beruflich machen willst und wohin der Wind dich weht, manchmal braucht es Jahre, bis du deinen Platz findest. Es ist nicht nötig, Dinge zu erfinden, nur damit dich Menschen mögen, die du eigentlich gar nicht magst. Das ist nicht clever, sondern wirft dich einfach nur zurück. Du musst nicht die unbequemste Unterwäsche anziehen, in der du dich unwohl fühlst, nur weil es angeblich so heiß aussieht, auch Schiesser Feinripp kann sexy sein. Du musst im Bett nicht Dinge mit dir machen lassen, auf die du keinen Bock hast, nur weil es in Pornos gut aussehen mag. Gut fühlt sich anders an. Du musst nicht jedes Wochenende durch die Clubs ziehen, obwohl du einfach nur zu Hause bleiben willst, auch zu Hause ist's ganz schön. Es ist absolut o. k., keinen Bock auf Sex zu haben, manchmal hat man keine Lust, und manchmal braucht es einfach nur Zeit. Du musst nicht jedem Arsch alles hinterhertragen, und wenn du jeden Montag mit Bauchschmerzen auf die Arbeit gehst, dann ist es Zeit, zu gehen – JETZT. Wenn dich etwas stört, dann rede. Wenn du unglücklich bist, dann versuche, etwas zu ändern. Wenn du dich ausprobieren willst, dann tue es, und wenn du etwas wirklich willst, dann kämpfe. Wenn es Hürden gibt, über die du klettern musst, dann klettere, gib nicht auf und mach dich nicht klein, auch wenn man dich am Boden sehen will. Wenn du etwas zu sagen hast, dann sag es, wähle deine Worte aber weise. Beiß die Zähne zusammen, wenn's hart wird, erfinde dich neu, wenn du es willst, höre dir Meinungen an, auch wenn du sie nicht teilst, und wenn sich etwas ergibt, worauf du lange gewartet hast, dann zögere nicht. Lerne, nach links zu gehen, während andere nach rechts gehen, und stecke den Kopf nicht in den Sand, auch wenn's mal wieder nicht klappt. In vielen Dingen hätte ich dir gerne damals weitergeholfen, liebe Jana, aber es sind keine Fehler, die du gemacht hast, sondern Erfahrungen, und sie haben dich dahin geführt, wo du jetzt bist. Ich bin gespannt auf das, was da noch kommt. Auf die nächsten Jahre. Auf die Erfahrungen. Aufs Leben. Auf dich. Auf uns.

Cheers.

2

Das bisschen Leben

Vom Alleinsein und unsichtbaren Mänteln

Wenn man im Internet nach dem Begriff des Alleinseins sucht, dann kommen meist Vorschläge wie: Verlassenheit, Isoliertheit oder Einsamkeit.
Aber ist das wirklich so?

• • •

Bedeutet alleine zu sein, niemanden zu haben?
Bedeutet alleine zu sein Einsamkeit?

• • •

Ich kann euch sagen, Alleinsein hat nichts damit zu tun, dass man sich einsam und alleine fühlt, sondern damit, dass man die Chance nutzt, seinen inneren Akku aufzuladen. Nur für sich selbst. Ohne Stress. Ohne Druck. Mit viel Zeit. Mit viel Ruhe und vor allem: ganz für sich alleine. Seit einigen Jahren zelebriere ich das Alleinsein für mich ohne Reue und Scham, auch wenn das bedeutet, Treffen abzusagen, wenn ich einfach nichts mehr aufnehmen kann. Aber dass ich das darf, kann und vielleicht sogar muss, das akzeptierte ich erst nach einigen Anläufen. Dass ich das darf, musste ich erst lernen. Ich akzeptierte erst, dass das Alleinsein eine Art mentaler Rettungsanker sein kann, als ich wusste, dass ich hochsensibel bin. Eine Person, die eine gesteigerte Sinneswahrnehmung hat und viel mehr fühlt, wahrnimmt und verarbeitet als vielleicht manch andere*r. Schon immer konnte ich mich gut in andere Menschen hineinfühlen und bemerkte Veränderungen in ihrem Wesen, ohne dass irgendjemand es laut aussprach. Ich sah es an den Gesten, der Mimik, dem Verhalten, und selbst wenn ich nicht sofort wusste, was passieren wird, hat sich meine Vorahnung wenig später meist bewahrheitet.

Es ist Fluch und Segen zugleich.

Ein Fluch, weil ich nicht aufhören kann, zu denken und zu fühlen.

Ein Fluch, weil meine feinen Sensoren jeden Tag auf Hochtouren arbeiten und es mir manchmal nahezu körperliche Schmerzen bereitet, weil ich die Stopptaste nicht betätigen kann.

• • •

Ich fühle zu viel. Und das pausenlos.

• • •

Ein Fluch, da ich selbst bei unausgesprochenen Dingen meist schon weiß, was passieren wird, oder mir auch mal grundlos den Kopf zerbreche über Dinge, die nie eintreten werden.

Ein Fluch, weil ich manchmal Angst habe, an meinem Zuviel an Gefühlen zu zerbrechen.

Ein Fluch, weil ich mich dadurch Menschen nicht nähern kann, die ich eigentlich sehr mag.

• • •

Aber es ist auch ein Segen, weil ich so emphatisch und sensibel sein kann, wie es nur geht, seit ich weiß, dass ich nicht verrückt bin und auf meine Wahrnehmung vertrauen darf.

Ein Segen, weil ich auf mich selbst hören und mich vor negativen Dingen schützen kann, wie schlechten Einflüssen, Menschen, Gefühlen oder Geschehnissen. Ich kann mich und andere besser schützen, da ich mein Umfeld sogar unterbewusst so genau beobachte und analysiere, dass ich Zusammenhänge schneller begreife.

Ein Segen, weil ich nicht mehr das Bedürfnis habe, überall dabei sein oder die Lauteste sein zu müssen, um eine Stimme zu haben. Ich habe eine Stimme, nur tief in mir drin. Aber das anzunehmen, daraus zu lernen und daran zu wachsen, das ist schwer und braucht Geduld mit sich selbst sowie Zeit.

Hochsensibilität ist bis heute noch nicht komplett erforscht, und eigentlich weiß man noch recht wenig über dieses Phänomen der gesteigerten Sinnesempfindung. Was man aber weiß oder annimmt, ist, dass es wahrscheinlich sogar vererbbar ist und weitergegeben werden kann. Was man außerdem weiß, ist, dass diese Art der Empfindung nicht abtrainiert werden kann, man trägt diese Veranlagung in sich. Was dem Thalamus, einem wichtigen Teil unseres Zwischenhirns, zu verdanken ist. Dieser Teil ist dafür verantwortlich, dass das Gehirn von hypersensiblen Menschen die Reize, die es aufnimmt, als noch wichtiger einstuft als ohnehin schon.

Auch haben sich bisher nur wenige Psycholog*innen mit diesem Thema intensiv befasst, was sich allerdings mit steigendem Interesse an den Themen Achtsamkeit, Mental Health und Selbstliebe ändern dürfte. Denn in Zeiten, in denen sich unsere Generation verstärkt auf Social Media herumtreibt und sich unser Leben nahezu nur noch auf TikTok oder Instagram abspielt, sehnen wir uns gleichzeitig nach dem wirklichen Sinn des Lebens. Wir sehnen uns nach:

• • •

Uns selbst. Und nach Entschleunigung.

• • •

Eine Herausforderung, das kann die Hochsensibilität auch sein, bringt sie doch Folgendes mit sich:

- Gesteigertes Harmoniebedürfnis
- Perfektionismus
- Schwierigkeiten mit starren Strukturen

- Intensives Erleben von Kunst und Musik
- Starke innere Wahrnehmung
- Vielschichtige Gedankengänge
- Starke Beeinflussbarkeit durch Gefühle und Empfindungen anderer Menschen
- Hohe Begeisterungsfähigkeit
- Detailreichere Wahrnehmung von Licht, Geräuschen, Gerüchen und/oder Menschen
- Schwierigkeiten mit Leistungsdruck und Stress
- Ausgeprägten Gerechtigkeitssinn
- Große Empathie
- Gutes Einfühlungsvermögen
- Hohe Eigenverantwortung & den Wunsch nach Unabhängigkeit
- Detaillierte Selbstreflexion & langen emotionalen Nachklang von erlebten Situationen und Ereignissen

• • •

All diese Stichpunkte können, müssen aber nicht Symptome der Hochsensibilität sein, denn sie sind individuell und jede*r hat andere Triggerpunkte.

Vor vielen Jahren entdeckte ich meinen eigenen Triggerpunkt durch Zufall, als ich merkte, dass es mir enorm Stress verursachte, wenn ich mit Menschen zusammen war. Und dabei war es ganz egal ob es meine Freund*innen waren, Bekannte oder völlig Fremde. Ich bin zwar ein Mensch, dem es ungeheuer leichtfällt, mit Fremden Small Talk zu halten. Aber nur weil ich weiß, dass dies nur von kurzer Dauer ist und danach jede*r seines/ihres Weges geht. Anders bei meinen Freund*innen. Früher fiel es mir ziemlich leicht, Freundschaften zu pflegen, doch mit der Zeit und mit dem Älterwerden änderte sich dies. Irgendwann konnte ich keine Nähe mehr ertragen, und jede Unternehmung wurde mir zu viel. Verabredungen, Unterhaltungen, Chats und Telefonate fielen mir irgendwann total schwer, und in mir wuchs ein großer Fluchtreflex, wenn ich an all das dachte. Innerlich bekam ich regelrecht Panik und Schweißausbrüche, wenn ein Treffen bevorstand, und ich war nicht mehr in der Lage, Anrufe anzunehmen oder Termine einzuhalten, obwohl sie schon lange geplant waren. Innerlich hoffte ich immer mehr, dass jemand all diese Treffen absagen würde. In mir wuchs der Wunsch nach dem Alleinsein und Zeit für mich, anstatt die Zeit mit Menschen zu verbringen, die ich mochte. Gleichzeitig fühlte ich mich undankbar, weil ich so dachte, und schämte mich dafür, weil das doch nicht normal sein konnte. Denn immerhin ist es ja normal, soziale Kontakte adäquat zu pflegen.

Und so hörte ich noch eine ganze Zeit lang auf das, was man wohl so macht, anstatt auf das zu hören, was für mich und meinen Körper das Richtige war. Ich quälte mich durch überfüllte Clubs, Partys und Treffen, obwohl tief in mir drin alles nur nach Pause schrie. Eine ganze Zeit lang ging das gut, auch wenn es mich innerlich zerriss. Doch irgendwann stand ich inmitten des Lärms und des Gedränges, und alles ringsum wurde plötzlich ganz leise, oder es wurde unerträglich. Mein Körper fing an zu jucken, und mich überkam das Gefühl, erdrückt zu werden. Erdrückt von all den Sinnesreizen um mich herum. Mir wurde klar: Ich muss raus hier.

Und so rannte ich ohne Kommentar und ohne mich umzudrehen aus der Gefahrenzone, um wieder atmen zu können. Am meisten im Gedächtnis blieben mir die Momente, wenn ich aus dem stickigen, heißen Club in die klirrend kalte Nachtluft des Winters trat. Draußen war es recht ruhig, weil nur die wenigsten zum Rauchen hinausgingen, und meist war ich alleine mit den leer gefegten Straßen und dem Laternenlicht. Oft zog ich nicht mal mehr eine Jacke an, weil ich die Kälte spüren musste, um herunterzukommen. Und ich genoss es in vollen Zügen. Nur die Stille und ich. Weit weg schienen all der Trubel und all die Menschen, durch die ich mich unwohl fühlte.

Immer wenn ich dann zu Hause ankam, empfand ich nichts als Erleichterung, und meist öffnete ich mein Dachfenster, durch das ich die ganze Stadt bei Nacht sehen konnte, zündete mir eine Zigarette an und fühlte mich endlich wieder frei.

Eine ganze Zeit lang versuchte ich dennoch alles, um die Fassade aufrechtzuerhalten, weil es mir irgendwie peinlich war, vor meinen Freund*innen zuzugeben, dass ich mich nicht mehr regelmäßig treffen oder melden konnte, weil es für mich zu viel Druck bedeutete. Ich hatte Angst, ihnen zu erklären, dass nicht sie das Problem sind, sondern dass mich die vielen Kontakte und Termine einfach überfordern und ich die Zeit mit mir alleine brauche, um meinen inneren Akku wieder aufzuladen, damit ich ihnen beim nächsten Mal meine volle Aufmerksamkeit widmen kann. Aber war das normal? War ich normal? Ich sollte doch froh darüber sein, so viele Freund*innen zu haben, wieso stellte ich mich eigentlich so an?

Irgendwann konnte ich nicht mehr, und da es immer häufiger zu Streitigkeiten und Missverständnissen kam, versuchte ich zu erklären, wie ich mich fühlte. Oft hörte ich dann das Argument, dass ich doch so offen und kommunikativ sei, geradezu extrovertiert, und man nie von mir gedacht hätte, dass ich insgeheim so sensibel, ruhig und verhalten sein könnte. Doch genau das ist ja der Trugschluss. Menschen werden manchmal in bestimmte Schubladen gesteckt, weil sie durch gewisse Aspekte in die eine oder die andere Kategorie zu passen scheinen. Extrovertierte Menschen können gleichzeitig leise, verängstigt und unsicher sein, auch wenn man es ihnen auf den ersten Blick nicht ansieht, und genau dasselbe gilt auch für vermeintlich introvertierte Menschen, die als eher ruhig und zurückgezogen gelten, diese Merkmale aber nicht immer erfüllen.

Die verschiedenen Gespräche damals mit meinen Freund*innen bezüglich meines Wunsches nach mehr Alleinsein haben mir gezeigt, dass nicht alle Menschen bereit dazu sind, zu versuchen, mich zu verstehen oder zu akzeptieren, dass es nicht an ihnen liegt, sondern an meiner Reizüberflutung und dass ich nicht anders kann, als Treffen abzusagen. So lange, bis ich mich wieder aufnahmefähig fühle. Es wäre natürlich auch falsch von mir, zu glauben, dass jede*r Verständnis für meine Situation oder mein

Wesen aufbringen kann, denn die Welt dreht sich weiter, sie bleibt nicht wegen mir stehen. Was vielleicht manchmal fehlt, ist der offene Diskurs über Gefühle oder die Weitsicht, dass es verschiedene Freundschafts- und Kommunikationsmodelle und vor allem unterschiedliche Persönlichkeiten und Charakterzüge gibt. Es ist gar nicht so leicht, Menschen zu finden, die das alles akzeptieren, die bereit sind, sich darauf einzulassen, oder die all das genauso empfinden wie man selbst.

Diese Gespräche zu führen tat auf der einen Seite weh, weil ich dadurch Menschen verlor, mit denen ich schöne Zeiten gehabt hatte, aber ich habe die Angst davor abgelegt, so zu sein, wie ich bin, und das auch zu kommunizieren. Vielleicht hat man dann ein paar gute Seelen weniger in seinem Leben, aber am Ende bleiben die zurück, vor denen man sich nicht verstellen muss. Mittlerweile rede ich offen darüber, dass ich mir nichts Schöneres vorstellen kann, als zu Hause zu sitzen, meinetwegen auch jeden Abend, anstatt mich ständig mit Freund*innen oder Kolleg*innen zu verabreden, weil ich die Zeit nutzen kann, um meine Akkus nach einem anstrengenden Tag aufzuladen. Sei es mit einem Glas Wein, der Lieblingsserie, einem guten Essen, einem guten Buch, dem Kuscheln auf der Couch mit dem Lieblingsmenschen oder einfach, indem man rein gar nichts tut, außer sich selbst zu spüren. Heute gehe ich ganz offen damit um, dass ich mir immer noch kurz vor einer Verabredung wünsche, dass sie abgesagt wird, und es ist erstaunlich, wie viele es gibt, die spätestens da zugeben, dasselbe zu denken, aber selber nie den ersten Schritt wagen würden, aus Angst, verurteilt zu werden.

Aber wenn ich nach all den Jahren der Suche, der (Um-)Wege, der Missverständnisse und der schließlichen Erkenntnis eines gelernt habe, dann Folgendes:

• • •

Dass das Abstecken der eigenen Grenzen nicht bedeutet, dass dir die Bedürfnisse anderer nicht wichtig sind, sondern dass du nicht mehr alles dafür geben musst, um so zu sein, wie man dich haben will. Kenne und erkenne deinen eigenen Wert, deine Grenzen, deine Bedürfnisse, deine Rettungsanker und handle danach. Nur weil du auch mal Nein sagst, bist du kein*e Egoist*in. Und noch etwas habe ich gelernt. Dass Alleinsein nicht bedeutet, dass du niemanden hast oder einsam bist. Ganz im Gegenteil. Durch das Alleinsein mit sich selbst kann man dort seine Batterien aufladen, wo andere vorher Energie abgezapft haben. Alleinsein, das ist eine Art Schutzmantel. Ein Unsichtbarkeitsmantel. Und den dürfen wir uns jederzeit ohne schlechtes Gewissen überstreifen, wenn wir denken, dass uns die Welt da draußen zu viel wird.

Erste Hürden, neue Chancen

Es ist echt erstaunlich, wie unser Körper manchmal schon lange vor uns merkt, was gut für uns ist, bevor wir auch nur den Hauch einer Ahnung davon haben. Es ist schon merkwürdig, wie empfänglich unsere feinen Antennen sind, wenn wir neuen Situationen ausgesetzt werden, und wie lange es manchmal braucht, bis das in unser Bewusstsein vordringt. Kennt ihr selbst auch diese Momente, in denen ihr eigentlich tief in euch spürt, dass sich euer Körper gegen eine bestimmte Sache wehrt, ihr es aber ignoriert? Kennt ihr das Gefühl, dass ihr euch fehl am Platz fühlt, aber immer die Hoffnung habt, dass sich das ändert, wenn ihr nur durchhaltet? So ging es mir auch, als ich nach meiner Absage beim Juwelier eine Ausbildung in der Versicherungsbranche anfing. Eigentlich wollte ich diesen Job nie machen und habe mich auch nie darin gesehen, aber meine Eltern wünschten es sich damals so sehr, und nach meiner katastrophalen Schulzeit wollte ich sie vor allem stolz und glücklich machen.

Ich spürte schnell, dass das hier nicht mein Weg sein konnte, aber ich hatte immer im Hinterkopf, durchzuhalten. Wenn ich die Zähne nur zusammenbeißen würde,

würde ich schon ans Ziel kommen. Außerdem konnte ich doch nicht schon wieder auf mein Bauchgefühl hören und etwas aufgeben, das noch gar nicht richtig angefangen hatte.

Mit Anfang zwanzig sollte ich doch so langsam mal im Leben ankommen, schließlich konnten andere das ja auch. Doch je mehr ich mich bemühte, mein Bauchgefühl Woche für Woche zu ignorieren, desto schlimmer wurden die Tage auf der Arbeit. Je mehr ich versuchte, meine ständigen Zweifel, Grübelattacken und Bauchschmerzen jeden Sonntagabend zu ignorieren, desto frustrierter wurde ich. Gefühlt schickte mir selbst das Universum kleine Zeichen, um mir zu sagen, dass ich wohl noch immer nicht das Richtige für mich gefunden hatte.

Ich tat, was ich immer in solchen Momenten tat, und schluckte erst mal alles hinunter und versuchte, damit alleine klarzukommen. Immer mit dem Gedanken: Wenn es nicht mehr geht, dann rufe ich Mama an. Mama weiß schon einen Rat. Sie weiß bestimmt wie immer einen Ausweg. Obwohl die Sache für mich im Inneren schon längst beschlossen schien.

Denn wie lange würde ich noch jeden Sonntag überlegen, mich montags krankzumelden? Wie lange würde ich meine sonntägliche Nervosität vor der neuen Woche noch ertragen, bis es endlich besser werden würde? Wie lange würde ich noch versuchen, mit dem Stoff klarzukommen, obwohl mich eigentlich nichts von all dem interessierte? Ich weiß noch, wie ich mit Kopfweh, eine Zigarette nach der anderen rauchend, meine Lernordner vor mir liegend, in der Küche meiner WG saß und mit zittriger Stimme meine Mama anrief. Ich erzählte ihr von meinen Sorgen, und dass ich überlegte, auch diesen Job an den Nagel zu hängen, da er mich unglücklich machte. Ohne einen Plan B in der Tasche zu haben.

Das ist auch so eine Sache, die dir niemand über das Erwachsenwerden erzählt. Alle reden immer von guten Noten in der Schule, und was dich danach erwartet an tollen Jobs, tollen Autos, einer tollen Karriere und einem tollen Leben. Aber wer erklärt dir, wie du Verträge schließt, deine Steuererklärung machst, den richtigen Job wählst oder ein gebrochenes Herz reparierst? Es erzählt dir kaum jemand, wie schmerzhaft Trennungen sind, wie steinig manche Wege, wie tief manchmal der Fall und was dich rettet, wenn gar nichts mehr geht. Niemand erklärt dir, wie man den richtigen Weg im Leben einschlägt, aber vielleicht weiß es eigentlich auch niemand so wirklich.

Meine Mama sagte mir das, was sie immer sagte: Ich solle nicht aufgeben. Aufgeben, das ist so ein endgültiges Wort. So, als hättest du es nie versucht. Doch das hatte ich. Jeden einzelnen Tag. Selbst meine Ausbilderin tat alles, um mir Mut zu machen, dass ich es schaffen kann. Aber die Hürden waren zu groß, und ich hatte das Gefühl, dass man mich dort gar nicht haben wollte. Ich gehörte einfach nicht dorthin. Mein Herz und meine Seele wollten einen anderen Weg gehen, also unternahm ich einen radikalen Schritt.

Nach drei Monaten unterschrieb ich die freiwillige Aufhebung meines Arbeitsvertrags.

Drei Kilo leichter ums Herz, lief ich zum letzten Mal die endlosen Gänge der Firma entlang, drehte eine letzte Runde in der Drehtüre, trat das letzte Mal meinen Heimweg an und blickte nie mehr zurück.

Da stand ich nun. Ohne Ausbildung. Ohne Plan. Ohne Perspektive. Aber anders als zu Schulzeiten kam ich mir jetzt kein einziges Mal wie eine Versagerin vor. Sondern wie jemand, die für ihre Überzeugungen einsteht. Ich habe nicht auf andere gehört, sondern nur auf mich und meine Intuition. Und meine Intuition sollte mich Stück für Stück auf den richtigen Weg bringen, nur wusste ich das noch nicht.

Durch einen großen Zufall bekam ich wenig später eine Praktikumsstelle in einem Wohnheim für geistig und körperlich behinderte Kinder und Jugendliche, in dem meine halbe WG arbeitete. Nur wenige Wochen nach meiner Kündigung der Ausbildungsstelle konnte ich anfangen. Dieses Mal dachte ich nicht lange darüber nach, ich machte einfach. Ich hatte weder Ahnung von der Pflege, noch hatte ich jemals mit Menschen mit Behinderung zu tun gehabt. Ich wusste, ich musste jetzt jede Chance nutzen. Das tat ich auch und ich glaube, es war Schicksal.

Mach das, was du liebst

Zusätzlich zu meiner Arbeit in der Einrichtung für geistig und körperlich behinderte Kinder und Jugendliche suchte ich mir noch einen Nebenjob, um mir mein Leben zu finanzieren. Ich jobbte an den Wochenenden als Bardame in einer Kneipe und schenkte an Freund*innen und Fremde Alkohol aus. Ein Knochenjob, aber einer mit viel Trinkgeld. Ich arbeitete freitags nach dem Spätdienst bis morgens um sechs und ging mit schmerzenden Füßen ins Bett. Eigentlich machte ich während des Praktikums nebenher alles, um an Geld zu kommen. Flyer verteilen, im Büro meiner Eltern aushelfen, in der Bar jobben. So sah sie also aus, meine Unabhängigkeit. So sah es also aus, wenn man sich ausprobiert, um zu erkennen, wohin man will.

Aber vielleicht gehört ja genau das zum Leben und zum Erwachsenwerden dazu. All die Partys. All die Pleiten. All das Pech und all die Pannen. Vielleicht gehört es ja dazu, vorübergehend ohne Plan zu leben. Vielleicht ist ja genau das der Weg, den man gehen muss, um letztlich den eigenen, richtigen Weg zu finden. Inzwischen habe ich ihn gefunden und mache mir dabei immer klar, dass nichts, was ich auf diesem Weg erlebt habe, falsch war oder etwas mit Versagen zu tun hatte, und niemand kann mir einreden, dass ich es irgendwie besser hätte machen müssen. Es muss sich in dem Moment einfach nur richtig anfühlen. Und zwar nur für mich selbst.

Ich gab mir selbst einen Schubser ins kalte Wasser und fing an zu schwimmen. Anfangs war es noch recht zäh. Auf meiner Arbeit zog ich den Kindern die Windeln falsch herum an, wusste nicht, wie man fremden Menschen vom Klo hilft, hatte nie jemand anderen geduscht als mich selbst, und noch nie hatte ich jemandem beim Essen geholfen. Ich hatte noch nie bei jemandem eine flüssige Ernährung über eine Magensonde angeschlossen oder einen Wundverband angelegt. Wahrscheinlich machte ich anfangs mehr falsch als richtig, aber wie lernt man besser als aus seinen eigenen Fehlern?

Natürlich mochten mich auch in diesem Job nicht alle Menschen, mit denen ich zusammenarbeitete. Viele waren schon seit Jahren ein eingeschworenes Team aus Krankenpfleger*innen, Praktikant*innen, Erzieher*innen und Leiter*innen. Und natürlich machte mich dieses Wissen insgeheim fertig. Denn genau das sind auch die Situationen, in denen meine Hochsensibilität anschlägt. Selbst wenn Dinge unausgesprochen in der Luft liegen, spüre ich, wenn etwas nicht stimmt. Aber die Kinder machten mir die Arbeit extrem leicht, ich fand dennoch schnell Anschluss im Team und bekam Vertrauen geschenkt. Von Kindern und Kolleg*innen, trotz kleinerer Hürden. Ich hatte das erste Mal das Gefühl, im Job etwas Sinnvolles zu tun. Ich hatte Spaß und blühte auf.

Und eigentlich waren all die kleinen holprigen Zwischenstationen, wie die zwischenmenschlichen Spannungspunkte, nur gute und hilfreiche Erfahrungen für meinen weiteren Lernprozess. Denn auch wenn ich mich anfangs wieder bemühte, so zu agieren, wie man mich vielleicht gerne hätte oder mehr mögen würde, so kam ich schnell dahinter: Nicht jede Person, die du in deinem Leben treffen wirst, wird dich mögen. Und auch ich selbst werde nicht jede Person mögen, die ich in meinem Leben treffen werde.

• • •

Also *go for it* und zieh dein Ding einfach durch.

• • •

Es wird immer Leute geben, für die bist du zu lieb, zu nett oder zu brav. Zu anstrengend, zu laut, zu leise, zu wild, zu sanft oder einfach anders als gedacht. Es wird immer Leute geben, denen wirst du nicht genügen, weil du nicht so handelst, wie sie es gerne hätten, oder nicht so, wie sie es selber tun würden. Menschen projizieren, wenn auch unbewusst, ihre eigenen Erwartungen an sich und an das Leben automatisch auf die Menschen, die sie treffen. Egal ob es Fremde sind oder enge Freund*innen. Man geht immer davon aus, dass die Menschen, mit denen man sich umgibt, zwangsläufig so handeln wie man selbst. Und tun sie es nicht, ist man enttäuscht, genervt, wütend oder schiebt die betreffende Person von sich weg.

Dabei ist es total falsch, von allen Menschen um sich herum zu erwarten, dass sie so sind wie man selbst. Und es ist nicht die Schuld meines Gegenübers, wenn er oder sie meine eigene Anspruchshaltung an was auch immer nicht erfüllen kann. Das ist ein Problem, das nur ich mit mir selbst ausfechten kann, indem ich lerne, meine Anspruchshaltung nicht auf andere abzuladen. Sondern mit ihr umgehen lerne.

Das heißt also rückblickend, dass ich es bestimmten Personen in meiner Wohngruppe nie hätte recht machen können, weil ich anders war als sie selbst, und ich werde es auch in Zukunft nicht allen Menschen recht machen können. Und das ist o.k. Früher habe ich mir über all das den Kopf zerbrochen und mich gefragt, warum mich bestimmte Personen nicht mögen oder akzeptieren, und früher hätte ich bestimmt auch alles dafür getan, dass es so ist. Aber auch wenn ich nicht fehlerfrei bin, wenn ich mich verbiege, verrate ich mich selbst. Und ich will mich nicht mehr selbst verraten, um anderen zu gefallen.

• • •

Von meinem Sprung ins kalte Wasser und meiner anfänglichen Unsicherheit gab es nach einigen Monaten keine Spur mehr. Ich paddelte nicht mehr ziellos vor mich hin, sondern fing an, richtig zu schwimmen. Ich bekam Routine in dem, was ich tat, hatte nicht den Drang, aufzugeben, und war das erste Mal so richtig glücklich. Und gerade jetzt, wo ich das erste Mal Sinn in etwas sah, musste ich mich bald schon wieder neu orientieren, da meine Praktikumsstelle zum Beginn der Sommerferien auslief.

Kurzerhand bewarb ich mich für das anstehende Herbstausbildungsjahr in der Krankenpflege. Es war eine Spontanhandlung. Da wir aufgrund der vielfältigen körperlichen Behinderungen schichtübergreifend eine pflegerische Versorgung der Kinder benötigten, kam ich oft in Berührung mit der Arbeit meiner Kolleg*innen. Egal ob mit Wundverbandswechsel, Sondenkostverabreichung, Medikamentengabe, Sauerstoffzufuhr oder dem Reinigen von medizinischem Equipment. Obwohl ich nie den Wunsch verspürt hatte, einen Pflegeberuf zu ergreifen, interessierte mich der Bereich. Was nicht zuletzt vielleicht auch an den Dutzenden Krankenhausserien lag, die seit Jahrzehnten über die Bildschirme flimmern, die aber selten etwas mit dem wirklichen Klinikalltag zu tun haben.

Ich bewarb mich also mit meinen geringen Vorkenntnissen, erhielt eine positive Rückmeldung und nahm einen Platz für die Krankenpflege von Erwachsenen an.

Im Juli absolvierte ich meinen letzten Tag im Praktikum, und im Oktober sollte schon wieder ein neuer Lebensabschnitt losgehen. Ohne Nebenjobs und Grübeleien. Nur mit einem halbwegs festen Plan.

• • •

Alles, was ich damals über die Krankenpflege wusste, kannte ich durch mein Praktikum, von Freund*innen, die vor mir gerade dieselbe Ausbildung angefangen hatten, und von

Serien wie *Schwarzwaldklinik*, *Grey's Anatomy* oder *Emergency Room*. Ich kann mich noch an den Moment erinnern, als wir im Eignungstest auf einem Zettel die Tätigkeiten aufführen sollten, von denen wir dachten, dass sie zum Berufsalltag einer Krankenschwester gehören. Damals spiegelte der Großteil der Antworten genau das Bild von der Pflege wider, das sich bis vor der Corona-Pandemie hartnäckig in unseren Köpfen gehalten hatte. Wenn auch unausgesprochen. Kaffeetrinkende Frauen und Männer in weißen Kitteln, die kurz den Puls fühlen und Blutdruck messen, Patient*innen mit dem Rollstuhl durch die Flure schieben und auf ihren Einsatz warten. Dabei ist der Job so viel mehr als das, was sich im Vorabendprogramm im Fernsehen so gut verkaufen lässt.

• • •

Ich finde, dieser Job hat etwas Magisches an sich. Selbst heute, zehn Jahre nach dem Beginn meiner Ausbildung und sieben Jahre nachdem ich examiniert das Schulgelände verlassen habe, hat er seinen Zauber für mich nicht verloren.

Da er viel mehr ist als nur Blutabnehmen oder das Einbetten neuer Patient*innen. Er ist auch viel mehr als stressige Schichtwechsel, zu wenig Personal, zu geringe Bezahlung, zu wenig Wertschätzung oder zu hohe Belastung. Er prägt dich fürs Leben. Die Menschen packen dich. Sie und ihre ganz eigenen Geschichten und Schicksale. Du bist, wenn auch meist nur für eine kurze Zeit, ein Teil ihres

Lebens. Du bist Teil ihrer Familie, Teil ihrer Krankheit oder Teil ihrer Genesung. Entweder begleitest du sie bis in den Tod oder schüttelst ihnen am Ende die Hand, wenn sie geheilt oder stabil die Klinik verlassen. Du lernst, an deine eigenen Grenzen zu gehen, die du davor viel niedriger eingestuft hättest. Du beginnst, die Welt mit anderen Augen zu sehen. Du wirst vielleicht auch gnädiger. Zu dir selbst und zu anderen. Du beginnst zu verstehen, was du vorher nicht verstanden hast, wirst demütiger und dankbarer dem Leben gegenüber.

• • •

Natürlich, auch das blieb in diesem Job nicht aus, der ganz anders war als alle zuvor, warst du auch hier mit Herausforderungen konfrontiert, die schwierig waren und an denen du zu knabbern hattest. Du musstest dich neu orientieren, mit völlig neuen und fremden Menschen zusammenarbeiten. Man war aufeinander angewiesen und es kam auch mal zu Reibungen.

Natürlich gab es auch hier Leute, die dich nicht mochten und die du nicht mochtest. Natürlich gab es Herausforderungen, vor denen du dich drücken wolltest und vielleicht auch manchmal gedrückt hast. Vielleicht gab es Momente, bei denen du kurz davor warst, das Handtuch zu werfen, weil du zu große Zweifel hattest, und natürlich war er immer da, der enorme Stress. Psychisch wie physisch.

• • •

Der Unterschied aber zu allen Jobs davor war, dass ich das erste Mal so richtig gut in einer Sache war und Spaß daran hatte.

• • •

Ich hatte das erste Mal etwas gefunden, das mich erfüllte, und es war das erste Mal, dass ich so richtig an mich glaubte. Ich war das erste Mal stolz auf mich, und das erste Mal habe ich aufgehört, mich mit anderen zu vergleichen. Natürlich wäre es jetzt gelogen, wenn ich sagen würde, dass es nie Momente gab, in denen ich neugierig war, was meine Kolleg*innen vielleicht besser machten als ich, aber ich habe mich nicht mehr kleingemacht. Ich habe auf mein Können vertraut, meine Empathie und auf mein Bauchgefühl.

Und noch etwas hat sich verändert. Ich bin nicht mehr enttäuscht von mir, weil ich so einiges ausprobiert habe, um da anzukommen, wo ich heute beruflich stehe. Egal ob es das Kellnern an der Bar, das Verteilen von Flyern, das Aushelfen im Unternehmen meines Papas, die beinahe angetretene Lehre beim Juwelier, die katastrophale Erfahrung in der Versicherungsbranche oder mein Praktikum im Behindertenzentrum war. Hätte ich all das nicht gemacht, wäre ich vielleicht nicht hier. Hätte ich nicht Situationen erlebt, gegen die sich mein ganzes Inneres gesträubt hat. Und hätte ich immer nur auf das gehört, was andere mir geraten haben, anstatt auf meinen Bauch.

Früher waren Umwege, Unentschlossenheit und keinen

Plan zu haben Dinge, die mir peinlich gewesen wären. Sachen, für die ich mich geschämt hätte. Weil es irgendwie immer als selbstverständlich vorausgesetzt wird, dass man weiß, was man nach der Schule macht. Aber nicht alle haben am Ende ihrer Schullaufbahn Ahnung davon, wer oder was sie sind und wohin sie wollen. Es ist die Gesellschaft, die das erwartet und die aus uns spricht, nicht wir selbst. Nicht alle erreichen die Etappen, die sie abgesteckt haben, manche lassen Etappen aus oder fangen noch mal von vorne an. Manche wollen sie gar nicht erst erlaufen und starten ganz woanders. Und das ist völlig o. k.

Das Schöne ist ja, heute können wir eigentlich alles sein, was wir wollen, wenn wir gnädiger zu uns und zu anderen sind. Selbst wenn es heißt, kurz mal niemand sein zu wollen, um auf der Suche nach uns selbst zu sein.

Viele meiner heutigen Phasen haben schon vor zehn Jahren begonnen, nur konnte ich keine davon so richtig einordnen. Die Ruhe, die ich brauche, und den Rückzug, wenn es mir zu viel wird. Die Menschen, die mir zu viel werden, und die Gefühle, die mich erdrücken. Es gibt Zeiten, da liebe ich jede Berührung, und es gibt Zeiten, da stoße ich alles von mir weg. Es gibt Zeiten, da red ich über alles, und es gibt Zeiten, da red ich über nichts. Dann hör ich einfach nur zu. Es gibt Zeiten, da renn ich auf dich zu, und es gibt Zeiten, da laufe ich einfach nur davon. Manche Tage fühlen sich sehr warm an. Manche Tage sind jedoch ganz kalt. Manchmal fühle ich mich, als würde ich durch die Sonne gehen, und manchmal, da ist alles nur im Nebel. Es gibt Tage, da geht alles so leicht von der Hand, und manchmal, da ist vieles ganz, ganz schwer. So fühlt es sich meist an, wenn man hochsensibel ist. So fühlt es sich meist an, wenn ich hochsensibel bin. Ich habe lange gebraucht, um zu akzeptieren, dass ich mich nicht dafür schämen muss. Weder für das Laute noch für das Leise. Weder für das, was ich heute fühle, noch für das, was morgen kommt. Weder vor meinen Freund*innen, vor meiner Familie, vor Fremden noch vor mir selbst. Es ist o. k., dass ich meine Grenzen habe und sie nicht überschreiten will. Auch nicht für dich. Es ist o. k., wenn ich mal nicht auf der größten Party sitze, sondern am leisesten Tisch, und es ist überhaupt nicht schlimm, wenn ich mal gar nichts will. Es ist o. k., wenn man an manchen Tagen alles fühlt, an manchen nichts und an manchen Tagen alles zusammen. Es ist o. k., wenn man sich erst selbst wieder neu kennenlernen muss, um sich zu finden, und es ist o. k., wenn diese Phase etwas länger dauert. Ich bin weder introvertiert noch extrovertiert. Ich bin irgendwie beides zusammen, und manchmal, da bin ich einfach nur ein wenig ich.

05.06.2020

Die K-Frage

Schon als ich ein kleines Mädchen war, wusste ich, dass ich Kinder haben möchte. Zum einen, weil ich selber mit Geschwistern aufgewachsen bin, genau wie all meine Freund*innen von früher auch, und zum anderen, weil alle Familien um mich herum Kinder hatten. Für mich war klar, dass Kinder zu haben, Kinder zu kriegen, mit zum Leben und vor allem zum Begriff »Familie« dazugehört.

Für mich war klar, wenn ich den passenden Partner und einen festen Job gefunden habe, mit dem ich unser Leben finanzieren kann, möchte ich auch eine Familie gründen. Und irgendwann und in einem Moment, in dem ich am wenigsten damit rechnete, passierte es.

Zwei Striche auf dem Schwangerschaftstest.

Boom.

Ein Schockmoment. Nicht, weil ich es mir in dem Moment wieder anders überlegt hatte, sondern weil einem schlagartig klar wird, dass sich das Leben von diesem Moment an ändern wird. Ich würde nun meine eigene kleine Familie gründen.

Die Schwangerschaft selbst verlief ohne große Probleme, nahezu spielend, und es wurde von Monat zu Monat immer schöner, Leben in meinem Bauch zu spüren. Doch schon in den ersten Wochen war ich damit konfrontiert, dass eine Schwangerschaft keinesfalls nur dich und deine*n Partner*in betrifft. Nahezu jede*r um dich herum weiß etwas besser, gibt ungefragt gut gemeinte Ratschläge, und man bekommt den Eindruck, als ob man das Kind nicht für sich bekommt, sondern für alle anderen. Und anscheinend hat jede*r um dich herum eine andere Auffassung davon, wie eine Schwangerschaft idealerweise verläuft und dein Körper darauf reagiert. Fragen wie »Sicher, dass du nur ein Kind bekommst?«, »Sicher, dass der Geburtstermin nicht früher ist, so groß wie dein Bauch ist?«, oder: »Ist es normal, dass du so viel zugenommen hast?«, sind eigentlich an der Tagesordnung, und mehr als ein müdes Lächeln war am Ende nicht mehr bei mir übrig, um so diesem Irrsinn entgegenzuwirken.

Vorher hat man sich für dich nicht sonderlich interessiert, und jetzt tut es plötzlich die ganze Welt.

Ratschläge gut und schön, aber am Ende möchte ich für mich selber entscheiden, was das Beste für mich ist, egal wie dieser Weg aussehen mag, und niemand kann mir diese Entscheidung abnehmen.

Als mein Kind geboren wurde, wurde ich mit der Kluft zwischen meiner Wunschvorstellung und der Wirklichkeit konfrontiert, wenn man es schließlich in den Armen hält. Früher habe ich immer davon gesprochen, dass ich das Kind in meinen Alltag integrieren würde und nicht andersherum, doch recht schnell begriff ich, dass so ein Säugling, so klein er auch sein mag, seine Bedürfnisse durchzusetzen weiß. Und ich gebe zu, dass ich mit all dem heillos überfordert war, da ich nicht damit gerechnet hatte, dass ich so viel von mir aufgeben muss, um die Mutterrolle zu erfüllen. Ich war und bin ein sehr freiheitsliebender Mensch, habe wahrscheinlich wie so ziemlich alle Menschen immer das gemacht, was ich wollte, ohne mich groß einschränken zu lassen, und nun befand ich mich an einem Punkt, an dem ich nicht mal mehr alleine entscheiden konnte, wann ich ungestört auf Toilette ging.

Schlimm ist auch, dass man sich alleine für diese Gedanken und für diese Gefühle, die bei jedem individuell verschieden sind, rechtfertigen muss, aus Angst, dass einem an den Kopf geworfen wird, sein Kind nicht zu lieben, nur weil nicht jeder Tag die reinste Erfüllung ist.

Ich habe schon relativ früh zu verstehen gegeben, dass es für mich das erste und letzte Kind sein wird, das ich zur Welt gebracht habe, weil sich mit ihm meine Vorstellung von Familie erfüllt hat. Doch immer wenn ich dies ausgesprochen habe, kam dieser berühmte Satz, dass ich noch ein paar Jahre warten sollte, dann würde sich der Wunsch nach einem zweiten Kind ganz von alleine einstellen. Spätestens als mein Sohn zwei Jahre alt wurde, bekam ich sie konkret gestellt, die Frage nach dem zweiten Kind.

Aber ich möchte nicht. Ich möchte kein zweites Mal von vorn anfangen. Ich möchte mich kein zweites Mal in meinem Alltag oder in meiner Person so einschränken müssen, dass ich darauf warten muss, bis ein paar Jahre vergehen. Ich habe ein gesundes, aufgewecktes, wundervolles

Kind, das ich niemals gegen irgendwas in dieser Welt eintauschen möchte. Ich weiß, dass ich ein Leben lang Mutter sein werde, und freue mich sehr auf alle kleinen und großen Etappen und auf jede kleine, große und mittelschwere Krise, die wir durchleben werden. Aber mich erleichtert es, zu wissen, dass die Jahre der Selbstaufgabe für mich weitestgehend vorüber sind und ich mich wieder mehr und mehr den Dingen widmen kann, die ich liebe.

Die Zeiten haben sich geändert, und das Konzept »Familie« ist heute so vielfältig, dass jede*r für sich entscheiden kann, wie er oder sie Familie für sich definiert.

Völlig egal ob mit einem Kind, zwei Kindern oder einer ganzen Fußballmannschaft.

Eine Familie, das kann alles bedeuten. Das kann man für sich selbst sein. Das kann man zu zweit sein mit dem Partner oder der Partnerin. Das können Freund*innen sein, mit denen man viel Zeit verbringt und die man sich als Familie aussucht.

Was ich auch gelernt habe, ist, dass die Frage nach dem Kinderwunsch, egal in welchem Alter, nicht gestellt werden sollte. Weder von Tante Isolde noch von Opa Herbert, weder von den Kolleg*innen noch vom Chef oder der Chefin, von den eigenen Eltern oder egal wem. Denn die Frage nach dem Kinderwunsch kann einen wunden Punkt treffen und schmerzhaft sein. Vielleicht versucht man schon lange, ein Kind zu kriegen, und es hat bisher nie geklappt. Vielleicht hat man eine Fehlgeburt erlitten, von der niemand weiß, aus Angst, sich diesem Thema immer und immer wieder stellen zu müssen. Oder vielleicht weiß man selber nicht genau, wann eigentlich der richtige Zeitpunkt dafür ist.

Die Frage nach dem Kinderwunsch bedeutet immer ein Dafür oder ein Dagegen, und egal wie man sich entscheidet, in der Regel ist die Antwort nicht die, die andere von einem hören wollen.

• • •

Aber ganz egal wie. Es ist dein Körper. Du entscheidest selber über ihn. Du alleine entscheidest darüber, was mit ihm passiert und ob er ein Kind gebären soll oder nicht.

Zugegeben, immer wenn ich kleine Kinder sehe, seien es die von Freund*innen oder von Fremden, denke ich an die Zeit zurück, in der ich selbst noch mein eigenes Baby auf dem Arm hatte, und daran, wie schade es ist, dass manch schöner Moment nie wiederkommt. Und ja, an manchen Tagen stelle ich mir schon noch die Frage, ob es wirklich richtig ist, mich mit Anfang dreißig bereits festzulegen, dass ich nicht noch einmal Mutter werden will. Oft heißt es, man wäre beim zweiten Kind gelassener, weil man wüsste, was einen erwartet. Doch je länger ich darüber nachdenke, desto mehr komme ich zu dem Entschluss, das Richtige zu tun, indem ich nicht nur darüber nachdenke, ein Kind zu kriegen, weil »man das einfach so macht«, sondern weil ich mich zu hundert Prozent für ein Leben mit ihm entscheide. Diese Entscheidung habe ich einmal voller Überzeugung getroffen. Doch meine Definition von Familie und Glück habe ich damit erfüllt, und letztes Jahr habe ich sogar noch zwei Bonuskinder dazubekommen, an die ich im Traum nicht gedacht habe. Ich lebe Patchwork. Ein bunter Haufen Jungs in jeder Altersklasse, die uns auf Trab halten, und ich liebe es. Aber ich liebe es auch, dass es Momente gibt, in denen alle Kinder für ein paar Tage nicht da sind und wir, ich, nur für uns oder ich für mich sein kann. Ohne Brote zu schmieren. Ohne die Kindersendung ein zehntes Mal an diesem Tag sehen zu müssen. Ohne eine Nacht mit wenig Schlaf. Ohne ein Abendessen, bei dem man selbst als Letzte den Teller aufgegessen hat, weil man das Chaos bändigen musste.

Ich liebe es, Mutter zu sein. Die Momente, wenn die kleine Hand in der Nacht Schutz an meinem Hals sucht, jemand spontan zum Kuscheln kommt oder sich freut, weil er aus der Kita abgeholt wird. Ich liebe die Momente, wenn man zusammen einschläft oder man merkt, dass es den Kindern gut geht, wenn sie in deiner Nähe sind. Ich möchte all das nicht missen, aber ich freue mich mehr auf die Zeit ihres Erwachsenwerdens als auf eine Zeit, in der alles wieder von vorne beginnt.

Ich weiß, dass diese Gedanken manch eine*r nicht verstehen mag. Aber das ist ja das Schöne am eigenen Leben, man kann seine e i g e n e n Entscheidungen treffen, weil niemand damit klarkommen muss außer ich selbst. Auch wenn das heißt, keine Kinder haben zu wollen oder eine ganze Schar. *It's up to you.*

Dein Leben.

Deine Regeln.

Deine Entscheidung.

Und die Entscheidungen, die du für dich triffst und mit denen du dich gut fühlst, können niemals falsch sein. Du bist dadurch nicht besser oder schlechter als die anderen. Du machst es nur anders. Und das ist auch gut so.

3

Selbstliebe

Ein Begriff, viele Missverständnisse

Wenn wir »Selbstliebe« hören, denken wir wahrscheinlich zuerst an Social Media und Instagram. Denn genau dort wurde der Begriff in den letzten Jahren zum beliebten Hashtag mit einer wichtigen Message: sich selbst und andere so zu nehmen, wie wir sind, auch wenn es nicht immer einfach ist. Selbstliebe hatte vor allem etwas mit dem eigenen Körper zu tun und mit dem, was wir daran auszusetzen haben, obwohl wir gar keinen Grund dazu haben. Selbstliebe war ein Ausdruck oder ein Aufruf dafür, achtsamer und gnädiger mit sich selbst zu sein. Niemand ist perfekt. Weder die anderen noch wir selbst. Aber wenn man gezielter nach dem Begriff »Selbstliebe« im Internet sucht, dann spuckt das World Wide Web nicht nur die Liebe zu sich selbst aus, sondern auch folgende Begriffe:

- Selbstannahme
- Selbstachtung
- Selbstzuwendung
- Selbstvertrauen
- Selbstwert

Als ich anfing, mich mit Selbstliebe auseinanderzusetzen, wurde ich gerade Mutter meines Sohnes. Für mich diente der Begriff der Selbstliebe in erster Linie dazu, meinen Körper anzunehmen, der nach der Geburt meines Kindes nicht mehr derselbe war wie vorher. Ich hatte plötzlich mehr Dellen, mehr Narben, mehr Hüfte, größere Brüste, hängende Oberarme, größere Füße und ein gesunkenes Selbstbewusstsein. Ich hatte anfangs extrem mit dem zu kämpfen, was nach der Schwangerschaft und nach der Geburt von meinem alten Körper übrig geblieben war. Ich stellte mich, mein Aussehen und meinen Selbstwert extrem infrage. Ich fühlte mich in meinen eigenen Augen unattraktiv.

Aber auch schon vor der Geburt meines Kindes hatte ich mit Selbstzweifeln zu kämpfen. Die Nase war zu breit oder zu lang. Die Haare waren zu kurz, zu glatt oder doch mal zu wellig. Die Beine waren zu kurz, die Oberschenkel zu dick, die Brüste zu klein, oder der Po war zu flach. Die Zehen waren zu krumm, der Zahn war zu schief, die Ohren standen zu weit ab, und die Finger waren zu knubbelig.

Ich erinnere mich daran, dass ich es hasste, ins Freibad zu gehen, weil ich das Gefühl hatte, angestarrt zu werden. Bei jedem Blick, den ich auf mir spürte, überlegte ich, was man wohl in dem Moment über mich redete und wie man meinen Körper wahrnahm. Ich bildete mir ein, dass alle, die mich ansahen, über meinen Körper urteilten und darüber sprachen, was mit ihm nicht stimmte. Aus Angst, mich ständig wie ein Lamm zu fühlen, das zur Schlachtbank geführt wird, hörte ich irgendwann auf, ins Freibad zu gehen. Ich wollte nicht mehr beurteilt werden.

Oder bildete ich mir die Blicke der anderen nur ein? Ich erinnere mich auch gut an die Momente im Strandurlaub, als ich die größten Umwege ins Wasser lief, damit so wenig Menschen wie möglich meine eingebildeten Problemzonen zu Gesicht bekamen, und teilweise verließ ich die Liege nicht mehr ohne Tuch um die Hüften. Zu sehr hatten sich die gesellschaftlichen Schönheitsideale oder das, was man auf Social Media als »schön« empfand, in mein Hirn eingebrannt, und zu sehr hatte ich mich davon all die Jahre beeinflussen lassen. Ich dachte, das, was ich täglich in Film, Fernsehen, auf Social Media, in der Werbung und in den Zeitschriften sah, sei die Norm. Die Wahrheit. Doch das ist sie nicht und war sie auch nie.

Wir beurteilen andere und, schlimmer noch, uns selbst, aufgrund eines idealisierten Aussehens, das weder gesund oder erreichbar noch förderlich ist. Doch genau so auszusehen wird uns in den meisten Fällen beigebracht, und irgendwann fangen wir selber an zu glauben, genau so aussehen zu wollen oder zu müssen, um akzeptiert zu werden.

Wir beurteilen die Hautfarbe, das Geschlecht, den Geruch, die Größe, die Körperfülle, die Kleidung und die Sprache. Völlig gleich, ob wir damit richtig- oder falschliegen. Und diese Meinung bleibt erst mal.

Aber auch die Modeindustrie trägt einen großen Teil dazu bei, dass wir uns stets mit dem vergleichen, was unerreichbar scheint. Der *Perfektion*. Makellose Schönheit, das ist das, was sich am besten verkaufen lässt. Mit ihr verbinden wir Stärke und Selbstbewusstsein. Unabhängigkeit. Freisein von Sorgen jeglicher Art. Frei sein von Problemen und Fehlern. Wer makellos ist, bietet keine Angriffsfläche, nur Unnahbarkeit. Zumindest war ich bis vor wenigen Jahren genau dieser Meinung. Aber genau diese Sucht und Suche nach äußerer Perfektion machte mich am Ende nicht stark, sondern krank. Weil man sich auf dem Weg dorthin selbst verliert. Und wie soll man dem Prozess der Selbstliebe folgen, wenn man nicht lernt, gnädig zu sich selbst und anderen zu sein? Wie soll man wissen, wie sich Selbstliebe anfühlt, wenn man nicht die Voraussetzungen dafür schafft? Eines weiß ich heute ganz gewiss. Selbstliebe lernt man nicht, indem man sich vor den Spiegel stellt und sich sagt, dass man schön ist, wie man ist, das ist nur die Kirsche auf der Sahnehaube. Selbstliebe lernt man in dem Moment, in dem man sich davon befreit, was andere von einem denken und erwarten. Selbstliebe lernt man in dem Moment, in dem man sich von allem befreit, was einen im Leben daran hindert, so zu sein und so zu handeln, wie man wirklich ist und sein möchte.

• • •

In diesem Kapitel geht es also nicht um das Streben und Suchen nach äußerlicher Perfektion oder Zufriedenheit, sondern um das Finden von innerem Glück und innerer Zufriedenheit.

• • •

Dieses Jahr habe ich geweint. Viel geweint. Mal aus Liebe, vor Stolz, vor Glück und viel vor Freude. Aber auch, weil ich oft traurig war. Nachdenklich. Überfordert. Wütend. Vor allem aber, weil ich das erste Mal darüber nachdachte, was ich will, wer ich wirklich bin, wer ich sein will, wie ich all das zeigen kann und wer mich dabei begleiten soll. Vor ein paar Tagen las ich, dass ich mich von gewohnten Mustern der Vergangenheit lösen soll, und das ist ein Satz, den ich dringend brauchte. Denn obwohl ich dieses Jahr so viele Texte darüber schrieb, was ich alles über mich und das Leben gelernt habe, sitze ich so oft am Ende vom Tag immer noch da und bin trotzdem kein Stück weiter. Ich suche die Aufmerksamkeit bei Menschen, obwohl ich weiß, dass sie mir diese nie geben wollen, ich rede, obwohl ich schweigen müsste, ich schweige, wenn ich reden könnte, und immer und immer wieder will ich es anderen Menschen mehr recht machen als mir selbst. Ein Teufelskreis, und es ist scheiße schwer, aus diesem möglichst schnell herauszukommen. Vor allem dann, wenn man es sich darin so bequem gemacht hat. In den letzten Wochen wurde mir von vielen Seiten der Spiegel vorgehalten mit Kritik, die mal mehr schmerzte und mal weniger. Aber nach all der Kritik blieb am Ende immer etwas Positives zurück. Die Erkenntnis, dass es o. k. ist, Fehler zu machen, weil auch sie uns weiterbringen. Es verdammt noch mal o. k. ist, so zu sein, wie man ist, egal wie viele Ecken und Kanten man hat. Es ist wichtig, zu realisieren, dass nicht alle Menschen da draußen verstehen werden, wer du bist, was du machst und was dich glücklich macht. Es aber wichtig ist, dass du es selbst weißt. Und dass es o. k. ist, wenn du diesen Weg nicht mehr mit allen Menschen in deinem Leben zusammen gehen kannst oder willst, wenn sie dir nicht guttun. Ganz am Ende und neben all den Kritikern wie uns selbst, denen wir uns stellen müssen, ist es doch unser Ziel, glücklich zu sein. Mit all den Menschen, die uns glücklich machen, und mit der Art und Weise, wie wir uns selbst glücklich machen wollen. Auch wenn der Weg dahin länger dauert. Denn glücklich, das darf man sein. Glücklich, das darf ich sein. Aber ohne ständig erklären zu müssen, wie und warum ich glücklich werden will.

12.01.2020

Was Selbstliebe für mich bedeutet

Als ich vor drei Jahren mein Kind bekam, änderte das so ziemlich alles. Und ich rede nicht davon, dass man von morgens bis abends nur noch in Kindersprache spricht oder sich alle Themen nur ums Baby drehen, nein. Es änderte sich von dem Moment an auch die mentale Einstellung und Verfassung. Von der Anfangszeit mit Baby scheint man immer zu denken, dass sie die schönste und dankbarste von allen ist. Das ist sie irgendwie auch, denn dein Körper hat neues Leben erschaffen und nach knapp einem Jahr im Mutterleib kannst du dieses neue Lebewesen, dein Kind, in den Armen halten. Ein Moment, den man nicht zu greifen bekommt. Alles ist surreal. Jede Berührung, jeder Moment, jeder noch so kleine Ton, der Geruch, die Momente, wenn es auf dir liegt und schläft.

Nachdem ich mir lange ein eigenes Kind gewünscht hatte, überkamen mich nach einiger Zeit die ersten Zweifel, ob das wirklich das ist, was ich immer wollte. Kann ich denn wirklich diese große Verantwortung tragen? Meistere ich sie gut? Was, wenn ich versage? Bin ich wirklich bereit für ein Kind, oder wäre ich ebenso glücklich ohne? Plötzlich machte sich in mir Panik breit, immer wenn ich mein

Kind ansah. Dieses neue Leben erwartete von mir Großes und ich von mir ebenso. Aus der anfänglichen Euphorie wurde bald ein Kampf mit mir selbst. Alles schien plötzlich zu viel. Jeder Schrei, jedes Wickeln, jedes Stillen.

Ich fühlte mich teilweise wie eine große Leuchtreklame, auf die man ständig sah. Die man anschaute, egal was sie tat, und das schon während der Schwangerschaft. Eine Leuchtreklame, von der man Wunder erwartete, weil sie Mutter geworden ist.

Anfangs war ich noch davon überzeugt, dass ein Kind auf die Welt zu bringen, nichts an dem Leben zuvor ändern würde, aber je länger ich in den Prozess eintauchte, desto mehr merkte ich, dass sich doch viel mehr änderte als gedacht. Nicht nur körperlich, sondern auch mental.

• • •

Nach der Geburt war ich nicht mehr ich selbst. Ich war nur noch ein Schatten von dem Menschen, der ich vorher gewesen war, und erst später sagte man mir, das alles sei ganz normal. Ich fühlte mich nicht selbstbewusst, sondern eingeschüchtert. Ich fühlte mich nicht mehr frei, sondern gefangen, und obwohl mich niemand von irgendetwas abhielt, schnürte mir alles die Kehle zu. Rein gar nichts fühlte sich »normal« an. Was auch immer das heißen mag.

Es verging kein Tag, an dem ich nicht weinte. Es verging kein Tag, an dem ich nicht mit mir haderte, die richtige Entscheidung getroffen zu haben. Die Entscheidung für diese kleine Familie. Und ich kam nicht umhin, mich zu fragen, ob es wirklich das war, was ich mir immer gewünscht hatte. Damals war für mich klar gewesen, dass ich später eine Familie gründen möchte. Am liebsten mit zwei Kindern. Und klar war auch, dass ich genau das später einmal haben würde, einfach weil man es so macht. Weil genau das zum Leben dazugehört. Weil man genau das unter Leben versteht. Doch was, wenn diese Definition von einst nicht mehr meiner heutigen Definition entsprach?

• • •

Ich war so sauer auf mich und auf die scheinbar allgemeingültige Vorstellung von der glücklichen Kleinfamilie, weil ich all das in diesen Momenten des Wochenbetts nicht fühlte. Ich war nicht dankbar, ich war nicht glücklich, ich war nicht gesegnet, und vor allem hatte ich auf keinen Fall das Gefühl, das alles noch einmal durchmachen zu wollen. Eigentlich nie mehr.

Ich war so sauer auf mich selbst, weil ich mich nie ernsthaft gefragt hatte, ob ich das alles überhaupt wirklich wollte und ob ich die Mutter sein konnte, die ich sein sollte und wollte. Ich war so sauer auf das gesellschaftliche Bild vom Muttersein und von Elternschaft und darauf, dass immer alles so einfach und problemlos dargestellt wird, als ob sich alle liebend in den Armen lägen, sobald das Baby da ist. Ich war so sauer darauf, dass mir niemand gesagt hat, wie es wirklich ist, mit einem schreienden Baby zu Hause zu sitzen, und wie es ist, jeden Tag von fremden Menschen beurteilt zu werden. Ich hätte gerne gewusst, wie sehr sich durch ein Baby die Beziehung verändert. Zu sich selbst und zum Partner oder der Partnerin, zu Freund*innen und der Familie. Ich hätte gerne gewusst, wie anstrengend die Zeit im Wochenbett ist und dass das Packen der Kliniktasche viel unwichtiger ist als die Frage, wie man mental stabil durch die Geburt und die ersten Wochen kommt. Ich hätte gerne gewusst, wie viele Schmerzen man jeden Tag durch die Geburtsverletzungen jeglicher Art haben kann, wie verrückt die Gedanken spielen, wie komplett verloren man sich fühlt, weil plötzlich alles anders ist, und wie schwer man den eigenen Anblick im Spiegel erträgt.

Ich hätte gerne gewusst, wie mental am Ende man sein kann, weil man nicht weiß, wie man den Tag überstehen soll, ohne durchzudrehen. Und ich hätte gerne gewusst, dass man über all das auch reden darf und nichts davon eine Schande oder ein Verbrechen ist, weil jeder Mensch anders fühlt. Und *»No feeling is final«*, wie Jaqueline Scheiber aka @minusgold so schön sagt.

Über all das habe ich nicht nachgedacht. Über all das habe ich viel zu selten geredet. Aus Angst und Scham, dass man mich deshalb verurteilt. Weil man als frischgebackene Mutter doch schließlich glücklich zu sein hat, und in dem Moment, wo ich es nicht war, fühlte ich mich undankbar. Egal wie oft man mich nach meinem Befinden fragte, mir ging es immer gut, und irgendwie kam ich immer mit der Situation zurecht. Dabei sah es in meinem Inneren ganz anders aus.

• • •

Einmal brach ich bei einem Telefonat mit meinen Eltern in Tränen aus, weil ich wieder einmal nicht wusste, wie ich mein weinendes Kind beruhigen kann, obwohl ich ihm doch alles gegeben hatte: Milch, Wärme und Ruhe. Ich weiß heute noch, wie ich sagte, dass ich nicht glaube, eine wirklich gute Mutter sein zu können, und wie ich mir ernsthaft die Frage stellte, ob ich einen Fehler begangen hatte.

Ich habe mich selbst so unter Druck gesetzt, von Anfang an perfekt in dieser Mutterrolle sein zu müssen, so voller Hingabe und Leidenschaft, dass ich mir meine eigene Freiheit, mein eigenes Handeln, Denken und Fühlen selbst untersagte. Mein Beurteilungsvermögen war so getrübt, dass ich nicht klar sehen konnte. Aber der Hauptgrund, wieso es zu all dem kam, war, dass ich mir nicht die Chance dazu gab, Schwäche zu zeigen. Dass ich mir selbst untersagte, um Hilfe zu bitten, und ich mich nicht frei von dem machte, was ich um mich herum sah und hörte. Ich untersagte mir, gnädig zu mir selbst zu sein.

Ich hatte auf ganzer Linie das Gefühl, eine komplette Versagerin zu sein, weil ich mit allem plötzlich scheiterte. Ich scheiterte an einer harmonischen Beziehung zu meinem Partner, ich scheiterte an der Akzeptanz meiner selbst, und ich hasste meinen Körper. Mir fiel die Decke auf den Kopf, weil ich meine Arbeit vermisste. Und ich scheiterte, weil ich nicht in der Lage war, in mir das Gute zu sehen und wie sehr ich mich jeden Tag anstrengte, meine Sache gut zu machen. Jeglicher Versuch aus meinem engen Umfeld, mir Mut und Kraft zu spenden, half nicht, mich besser zu fühlen. Im Gegenteil.

Irgendwann redete ich mit einer Bekannten, deren Familie mittlerweile zu meinem Freundeskreis gehört, über all das, was in mir vorging. Mit ihr redete ich über spirituelle Dinge, übers Fehlermachen, übers Scheitern, über meine Versagensängste und über die Mutterrolle, die viel mehr beinhaltet als Spucktücher reinigen und Windeln wechseln. Wir redeten über Ängste, über Sorgen, übers Zulassen aller Dinge, die uns herunterziehen, und über Dinge, die uns zweifeln lassen. Wir redeten über Pläne, die sich nicht erfüllten, über die, die sich erfüllen sollten, über Träume und über Wünsche. Und am Ende sagte sie etwas, das ich wahrscheinlich nie vergessen werde, als wir über das Thema Selbstliebe redeten.

• • •

Denn sie sagte mir, dass es nicht immer darum geht, ständig stark zu sein oder stark sein zu müssen. Sie sagte mir, dass es nicht immer nur darum geht, dass sich alles erfüllen muss, was man sich wünscht, und dass wir auch nicht immer mit jeder Entscheidung glücklich sein müssen. Sie sagte mir, dass es nicht darum geht, immer genau zu wissen, was man will. Sondern es geht darum, dass man am Ende doch immer genau da landet, wo man landen soll. Auch über Umwege. Es geht darum, dass wir hinfallen, nicht wissen, wie wir aufstehen sollen, und manchmal auch kurz nicht aufstehen wollen. Und auch das ist o. k. Es ist o. k., nicht weiterzuwissen. Es geht darum, an uns zu glauben, auch wenn kein Ziel in Sicht ist. Selbstliebe bedeutet, zuzulassen und zu fühlen, anstatt alles von sich wegzudrücken, und das gilt für Gefühle ebenso wie für Menschen, Situationen und Momente. Weinen gehört dazu. Manchmal muss man viel und auch mal lange weinen, wenn es sein muss. Weinen, auch wenn es viel Kraft kostet, lässt uns heilen. Selbstliebe bedeutet, zu sich zu stehen. Selbstliebe bedeutet, Rücksicht auf sich selbst zu nehmen, anstatt immer nur streng zu sich zu sein. Gerade, wenn man seinen eigenen Weg gehen will.

• • •

Selbstliebe bedeutet *Veränderung.*

• • •

Es bedeutet, mit sich zu hadern, um am Ende doch daran zu wachsen. *All das* bedeutet Selbstliebe.

Du musst vielleicht nicht für ganz viele da draußen gut genug sein, sondern einfach nur für dich selbst.

oder so.

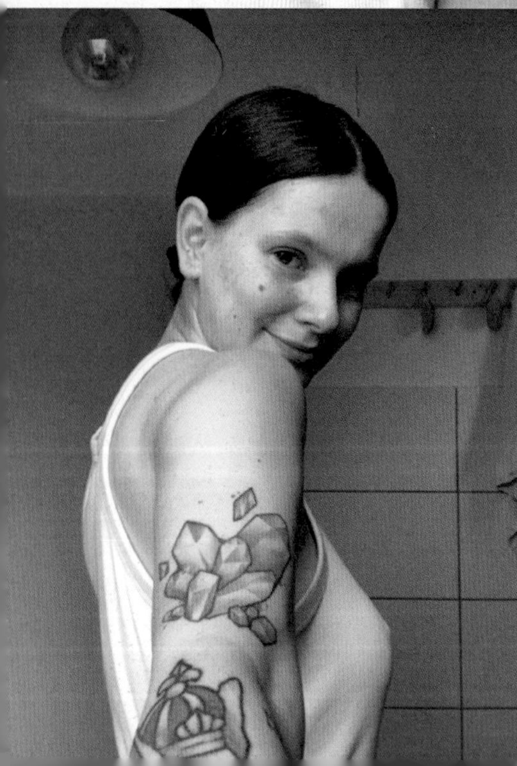

Sei offen
für Neues.

UND VIELLEICHT HEISST
"TRÄUMEN" JA NICHT NUR,
DASS MAN EWIG VON ETWAS
TRÄUMT, SONDERN DASS
MAN IRGENDWANN DEN MUT
AUFBRINGT UND EINFACH
MACHT.

Hinter der Fassade

Wie ich ein paar Zeilen weiter oben schon angedeutet habe, habe ich inzwischen erkannt, dass es bei Selbstliebe nicht nur darum geht, mit jeder Pore zu seinem Körper zu stehen und sich jeden Tag zu lieben. Sondern auch darum, dass die Akzeptanz sich selbst gegenüber und die damit einhergehende Akzeptanz anderen gegenüber der Startschuss ist, selbstzufriedener zu werden. Denn nur, wenn wir mit uns selbst zufrieden und im Reinen sind, Liebe zu uns selbst finden, strahlen wir das auch aus, und nur so können wir auch andere so akzeptieren, wie sie sind.

• • •

Zufriedenheit fängt meist bei uns selbst, beim eigenen Leben und beim eigenen Körper an. Unser Körper. Er trägt uns durchs Leben, Tag für Tag. Er sendet uns Signale, wenn uns etwas fehlt, er überschüttet uns mit Glückshormonen, wenn es uns gut geht, und er ist es, den wir trotz allem letztendlich mit dem kritischsten Blick beäugen.

Ein kritischer Blick, der uns anscheinend antrainiert wurde, denn egal wo wir hingehen, egal wem wir begegnen, und egal wann wir uns selbst im Spiegel betrachten, wir üben Kritik. Es scheint so, als könnten wir gar nicht anders, als ständig irgendwen und irgendwas zu bewerten. Die Art, wie wir gehen, wie wir reden, was wir tragen und wie wir es tun, die Art, wie wir leben wollen. Und es scheint, als würden wir auf nichts anderes warten als auf das finale Urteil. Auch uns selbst gegenüber.

Schon wenn wir morgens aufstehen, sehen wir als Erstes die strahlende Perfektion, die uns entgegenlacht, wenn wir kurz die App auf unserem Handy öffnen, von der wir uns Inspiration für den Tag und unser Leben erhoffen.

In einem Moment, in dem wir noch mit ungekämmten Haaren, in Schlabbershirt und Wollsocken mit Mundgeruch unter der Decke liegen, erblicken wir durch Filter hindurch Menschen mit einem Lächeln, das so weiß ist wie Schnee, und mit Wohnungen, die so sauber sind wie ein Luxushotel. Wir sehen wohlgeformte Körper, teure Kleidung, teures Mobiliar. Das scheinbar perfekte Leben und eine Welt, in der keine Probleme existieren.

Von scheinbarer Perfektion war nichts mehr zu spüren, wenn ich auf mein halb herunterhängendes Ablagebrett unter dem Spiegel blickte, das kaputtging, als ich einmal meine Wimpern tuschte. Von großen Bädern mit Tageslicht, einem vermeintlich perfekten Körper und genug Geld für Luxusklamotten aller Art konnte ich nur träumen und überhaupt hätte ich sofort mit dem Leben getauscht, das durch das Handy so schön aussah. Ich war unzufrieden und frustriert. Und um meine Frustration über mein eigenes Leben, das rückblickend alles andere als mies war, zu kompensieren, flüchtete ich mich, wann immer es mir möglich war, in die Welt des Internets. Um mir das zu holen, was ich scheinbar wollte: das perfekte Leben ohne Makel. Ich kaufte Klatschmagazine, in denen es um nichts anderes ging als verpfuschte Schönheits-OPs, Trennungen, Kummerspeck, zu viele Lach- oder Sorgenfalten, zu viele Kilos nach der Entbindung und die furchtbarsten Outfits. Es ging um das Ranking der schönsten oder schlimmsten Hintern, warum die neue Freundin schöner ist als die Ex, wie man am schnellsten abnimmt und welche Kleidung man anziehen muss, um auf Anhieb fünf Kilo leichter auszusehen.

Was ich früher nicht bedachte, war, dass genau diese Art von Klatsch und Tratsch in Zeitschriften oder im Fernsehen das schürt, was sich am besten verkaufen lässt und das meiste Geld bringt: Unsicherheit.

• • •

Denn mit der Unsicherheit der Konsument*innen lässt sich gut Geld verdienen, und die Tendenz ist steigend. Da sich mit passenden Werbeslogans und Versprechungen eine Vielzahl von Menschen angesprochen und abgeholt fühlt. Ganz egal ob das fragliche Produkt wirklich etwas zu unserer inneren und äußeren Schönheit beisteuert oder nicht. Wir möchten schön sein, was auch völlig legitim ist. Denn wer möchte sich nicht in seiner oder ihrer Haut wohlfühlen? Wer sich in seiner Haut wohlfühlt, geht selbstbewusster durchs Leben, hat eine andere

Haltung und tritt anderen Menschen gegenüber offener auf.

Aber was ist der Preis dafür? Was ist das, was wir hinter makelloser Perfektion oft nicht sehen? Die Schattenseiten dessen. Der Nachteil von einem Streben nach Perfektion jeglicher Art ist, dass du immer getrieben bist und alles daransetzt, all das aufrechtzuerhalten. Und dieses Getriebensein kann am Ende nicht glücklich machen.

• • •

Vor nicht allzu langer Zeit hat mir jemand eine wirklich schöne Frage gestellt, über die ich vorher nie nachgedacht hatte. Man fragte mich, was Mode mit Selbstbewusstsein zu tun hat und was dieser Zusammenhang für mich und meine Psyche bedeutet. In dem Moment, als ich über diese Frage nachdachte, wurde mir tatsächlich einiges bewusst. Mir wurde bewusst, wieso ich mich heute so kleide, wie ich es tue, und wieso ich mich damals so anzog, wie ich es tat. Mode, das hat etwas mit der eigenen Persönlichkeit zu tun. Mit ihr unterstreichen wir unser Wesen. Mit ihr teilen wir uns mit. Ganz gleich, ob wir eher zu den selbstbewussten Menschen gehören oder nicht. Völlig egal ob wir Mode von ganzem Herzen lieben oder sie für uns nur eine Funktion erfüllt. Wenn wir Kleidung tragen, in der wir uns gut fühlen, dann strahlen wir das nach außen aus. Wir fühlen uns gut, selbstbewusst, vielleicht sogar sexy und irgendwie unbesiegbar. Wenn wir uns in unserer Kleidung wohlfühlen, laufen wir aufrechter, sind fröhlicher, nehmen unsere

Umwelt intensiver wahr. Zumindest geht es mir so, wenn ich die Jeans trage, die meinen Hüften schmeichelt, oder wenn ich in das Kleid schlüpfe, das mir so tolle Arme zaubert. Und dabei ist es völlig egal, in welcher Kleidergröße ich gerade stecke. Mit Kleidung, egal in welcher Farbe, Form oder von welcher Marke, können wir uns unseren eigenen Schutzmantel basteln und ein Statement setzen.

Ich erinnere mich noch gut daran, dass es damals in der Schule kein gängigeres Statement gab, als die angesagtesten Klamotten zu tragen. Hat man ins allgemeine Bild gepasst, war man akzeptiert. Hat man anders ausgesehen, hatte man es meist schwer. Nur waren wir damals noch nicht so weit zu erkennen, dass das äußere Erscheinungsbild nichts über den Menschen selbst aussagt und dass sich das Bewertetwerden für den- oder diejenige*n, egal wie wohl er oder sie sich in seiner oder ihrer Haut fühlt, nie gut anfühlt und überflüssig ist. Wir hatten noch nicht begriffen, dass es egal ist, ob du mit Crocs in die Schule gehst oder mit den neuesten Schuhen von Adidas. Wir hatten noch nicht begriffen, dass es egal ist, ob du immer mit derselben Hose das Schulgebäude betrittst oder jeden Tag ein neues Outfit zusammenstellst. Denn es ist egal ob du den teuersten Anzug trägst oder etwas von der Stange, die angesagteste Handtasche hast oder eine tolle No-Name-Bag, die (noch) keine*r kennt. Aber genau dieses Bewerten, dieses dauerhafte Suchen nach Fehlern bei anderen Menschen wird dir bereits von klein auf beigebracht und als richtig erachtet. Jungs tragen Blau und Mädchen Rosa. Jungs haben kurze Haare, Mädchen tragen sie lang, und macht man etwas anders, fällt man auf oder durchs Raster. Dabei ist das kein Gesetz, das irgendjemand in Stein gemeißelt hat.

• • •

Die ständige Bewertung anderer sagt mehr über einen selbst aus als über die Person, über die geredet wird. Denn in dem Moment, in dem wir wieder anfangen, wahllos über das Leben eines anderen Menschen zu urteilen, urteilen wir eigentlich mehr über unser eigenes. Weil wir nicht den Fokus auf unsere eigenen Baustellen und Fehler lenken, sondern auf die der anderen. Das ist auch viel leichter, denn über sich selbst nachzudenken, sein eigenes Handeln zu hinterfragen und es zu ändern, braucht Zeit. Zeit, die wir uns anscheinend nicht immer nehmen wollen. Weil es bequemer ist, es nicht zu tun. Und auch in diesen Momenten geht es letztlich um Selbstliebe, weil wir nicht in der Lage sind oder sein wollen, uns und unsere Bedürfnisse ernster zu nehmen und an ihnen zu arbeiten.

• • •

Aber woher kommen all diese Unsicherheiten? Irgendwie greift am Ende doch wieder alles ineinander. Denn letztlich ist es die Gesellschaft, die sich in uns und in den Leuten, mit denen wir uns umgeben, widerspiegelt und nicht zuletzt auch in den Partner*innen, für die wir uns entscheiden. Auch sie können dafür sorgen, dass wir uns in unserer

Haut wohlfühlen. Oder sie sorgen dafür, dass wir zweimal darüber nachdenken, ob wir wirklich mit dem engen Shirt das Haus verlassen können, weil wir zutiefst verunsichert sind, anstatt einfach damit rauszugehen. Und tatsächlich haben auch mich der Großteil meiner Beziehungen und die Erfahrungen mit Männern geprägt. Denn viele Jahre lang habe ich mich danach angezogen, was Männer an mir oder Frauen generell gut finden, anstatt das zu tragen, was wirklich zu mir passt und mir Freude bereitet. Aber leider wird einem gerade auch als Frau schon recht früh suggeriert, was wir an uns optimieren können, um besser anzukommen. Also trägt man diesen einen ganz besonderen Duft, dieses eine ganz besondere Kleid, dieses eine ganz besondere Paar Schuhe oder gibt sich besonders, um zu gefallen. Räkele dich ansehnlich am Strand oder im Bett oder ziehe diese ganz bestimmte Unterwäsche an. Ganz nach dem Motto: Tue es für die anderen, aber nicht für dich selbst.

Viel zu lange habe ich blind den Anleitungen von Dr. Sommer geglaubt, wie man das Herz eines Mannes erobert, nur um am Ende doch verlassen oder enttäuscht zu werden. Aber viele Männer und einige Jahre später stellte ich mir selbst die Frage:

Wie soll ich von meinem Partner mir gegenüber bedingungslose Liebe erwarten, wenn ich sie mir nicht einmal selbst geben kann? Wie mache ich mich frei von dem, was im Allgemeinen als »schön« erachtet wird, und wie bin ich frei darin, das zu tun, zu sagen und zu tragen, was ich wirklich will? Viele Jahre später kam ich darauf, dass andere für mich nicht entscheiden dürfen und können, was ich für mich selbst als schön, hilfreich und heilsam erachte, ich muss es selbst tun. Aber zu erkennen, welche Normen und Werte mir wichtig sind und welche ich umsetzen will, war ein langer Prozess. Selbstliebe bedeutet also nicht nur, am äußeren Selbstbild zu arbeiten, sondern auch mentale Arbeit im Inneren. Und diese Arbeit begann ab dem Zeitpunkt, als ich Mutter wurde.

• • •

Ich musste bei null anfangen, um mit meinem Körper und meinem Geist einen gemeinsamen Weg zur Akzeptanz zu finden.

• • •

Das schaffte ich in mehreren kleinen und teils mühseligen Schritten.

Der erste und zugleich wichtigste Schritt war, dass ich damit anfing, mich nicht mehr zu vergleichen. Denn Vergleiche können wir in den meisten Fällen nicht gewinnen, da wir alle unterschiedlich sind und wir nie für dasselbe stehen können, wie es jemand anderes tut. Vergleiche machen oft unzufrieden. Vergleiche machten m i c h unzufrieden. Genau darüber musste ich mir klar werden, und auch darüber, dass ich gut so bin, wie ich bin.

Aber wie schafft man das, ein Leben ohne Vergleiche? Wie soll das gehen, wenn wir uns jeden Tag, wenn auch unbewusst, mit anderen Menschen um uns herum vergleichen? Wie soll das gehen, völlig bei sich zu sein, ohne jemand anderes sein zu wollen, wie wird man wertfreier und hört auf, nur an der Oberfläche zu kratzen?

• • •

Zuallererst einmal, um den Druck herauszunehmen: Völlig wertfrei werden wir nie durchs Leben gehen, denn es gibt immer irgendetwas, das wir bewerten. Auch ich bewerte. Der Unterschied dabei ist nur, ob wir uns von einer vorgefassten Meinung zu sehr beeinflussen lassen, ohne der Wahrheit eine Chance zu geben. Oder ob wir trotz gefälltem (Vor-)Urteil alle Zweifel über Bord werfen und uns ein eigenes Bild machen. Auch die Sache mit dem Vergleichen ist nicht so leicht, weil wir auch das nahezu täglich machen, ohne es zu wollen. Aber worin besteht jetzt das Geheimnis, geerdeter zu sein?

Es besteht in der Akzeptanz seiner selbst und in dem Bewusstsein, dass wir alle mit uns hadern. Dabei spielt es keine Rolle, wie reich oder arm wir sind, ob wir eine bekannte Schauspielerin sind oder einfach der Krankenpfleger von nebenan. Am Abend, wenn wir im Bett liegen, sind wir alle gleich und haben, da bin mir ziemlich sicher, im Grunde dieselben Sorgen. Nur ist das den wenigsten bewusst. Wir nehmen nur wahr, was wir auf den ersten Blick sehen (wollen), und hinterfragen es nicht weiter. Wir sehen zum Beispiel diese glamourösen Schauspieler*innen, die über den roten Teppich laufen und bestimmt am Abend glücklich nach Hause gehen. Denn sie haben schließlich alles erreicht, was man sich wünschen kann. Aber welches Schicksal sich hinter all diesen Fassaden verbirgt, das sehen wir nicht. Wir wissen nicht, welche Geschichten sie mit sich herumtragen und wie sie zu denen geworden sind, die sie sind.

• • •

Was mir unfassbar geholfen hat zu erkennen, dass niemand ein sorgenfreies Leben führt und es so viele Menschen da draußen gibt, die genauso denken, fühlen, zweifeln, handeln und grübeln wie man selbst, ist: reden.

• • •

Da die Mutter- bzw. Elternrolle für mich völlig neu war, suchte ich Rat bei Menschen, die ich zwar nicht persönlich kannte, die mir aber ganz offen vom selben Struggle erzählten. Ich fing an, Instagram als Ventil zu nutzen. Die App, die ich vorher nur als Inspirationsquelle für meine Outfits verwendete, sah ich jetzt als Plattform an, um Gleichgesinnte für meinen neuen Lebensabschnitt zu finden und mich mit ihnen darüber auszutauschen. Völlig unverblümt und über Themen, die ich bis dato dort wenig fand. Es tat gut zu wissen, dass es so viele Menschen da draußen gab, die, egal woher sie kamen, egal was sie arbeiteten oder aus welcher sozialen Schicht sie stammten, am Ende genau an demselben Punkt waren wie ich. Dieser für mich komplett neue Austausch mit wildfremden Menschen, die mir ihre großen und kleinen Geschichten des Lebens und all ihre Höhen und Tiefen ungeschönt und ehrlich erzählten, machte mir Mut. Ich wollte darüber reden, wie es ist, starke Periodenschmerzen und keine Lust auf Sex zu haben, oder wie schwer die Rolle der Mutter eigentlich ist. Ich hatte keine Lust mehr darauf, mein Gesicht durch hundert Filter zu jagen, nur damit man meine Pickel nicht sieht. Ich hatte keine Lust mehr darauf, meinen Bauch einzuziehen, mich so hinzustellen, dass man meinen flachen Hintern nicht sieht, und die Arme so anzuwinkeln, dass sie schlanker wirken.

• • •

Je ehrlicher ich über meine innersten Gedanken redete und von meinen alltäglichen Sorgen berichtete, desto mehr bemerkte ich, wie vielen da draußen es genauso ging und wie vielen ich damit aus der Seele sprach. Und je mehr ich mich mit diesen Themen befasste, desto mehr befasste ich mich auch mit mir selbst.

Ich fing an, mir Fragen zu stellen wie: Wer bist du eigentlich und wer willst du sein? Was macht dich als Mensch aus und was macht dich glücklich? Womit fühlst du dich wohl und wofür stehst du ein? Was kannst du gut, woran kannst du arbeiten, was unterscheidet dich von anderen Menschen und worin bist du einzigartig? Brauchen wir diesen Perfektionismus wirklich, um rundum glücklich zu sein, und gibt es ihn überhaupt?

Je mehr ich also mit den unterschiedlichsten Menschen über die unterschiedlichsten Themen redete, desto mehr erweiterte sich auch mein eigener Horizont. Ich lernte Menschen kennen, deren Leben teilweise völlig anders war als mein eigenes, aber je länger ich ihnen zuhörte, desto mehr Verständnis brachte ich ihnen entgegen. Verständnis für andere ist genau das, was uns oft fehlt. Grund dafür ist meist, dass wir uns nicht in die Lebensumstände hineinfühlen können, in denen sich unser Gegenüber befindet, da wir eine solche Situation vielleicht noch nicht erlebt haben oder weil uns die Vorstellungskraft fehlt. Wir sehen die Dinge meist nur aus unserem Blickwinkel und nicht aus einer anderen Perspektive. Aber je mehr wir andere zu Wort kommen lassen, damit sie uns ihre Geschichte erzählen können, desto mehr beeinflusst das auch unsere eigene Geschichte, unser eigenes Handeln und unser eigenes Leben. Wir solidarisieren uns.

• • •

Je mehr wir hinter die Kulissen dessen blicken, was wir meist nur in Form von ausgewählten Bildern oder Videos in Apps wie Instagram zu sehen bekommen, desto verstandener und mit anderen verbundener fühlen wir uns. Genau dieser Einblick in das, was im Hintergrund ablief, war es, der mir dabei half, mich nicht mehr ständig zu vergleichen und andere Menschen nicht vorschnell zu be- oder verurteilen. Denn inzwischen weiß ich, dass viele dieser Menschen abends, wenn sie auf der Couch oder im Bett das Handy ausschalten, sich genau dieselben Fragen stellen und vor ganz ähnlichen Herausforderungen stehen wie ich selbst. Denn letztlich stellen wir uns alle Fragen zur Liebe, zu Beziehungen, zum Alltag, zum Beruf, zur Familienplanung, wie wir glücklich werden sollen oder warum wir es doch nicht sind.

• • •

Früher dachte ich, dass ich mit all diesen Gedanken, Ängsten, Sorgen, Zweifeln und Erfahrungen alleine bin und ich die Einzige bin, die all das verunsichert. Aber so ist es nicht.

Durch meine Offenheit und durch die Offenheit anderer wurde mir bewusst, dass niemand da draußen von all dem frei ist. Dass niemand mit diesen oder ähnlichen Gedanken oder Situationen alleine ist oder sein muss. Dass niemand befreit ist von Peinlichkeiten, Missgeschicken, Liebeskummer, Misserfolgen, quälenden Gedanken oder all dem, was da zwischendrin Gutes auf uns wartet. Mir wurde bewusst, dass auch die schönste Schauspielerin mal Durchfall oder Herpes hat und weiß, wie es sich anfühlt, Liebeskummer zu haben oder geghostet zu werden. Dass auch der beliebteste Schauspieler eine schwierige Vergangenheit haben oder sich ungeliebt fühlen kann, obwohl er unzählige Fans hat.

All diese Gespräche haben mir gezeigt, dass es uns nicht zusteht, vorschnell zu urteilen, egal ob über Freund*innen oder wildfremde Menschen, denen wir zufällig begegnen. Ich darf nicht über den Rock urteilen, der in meinen Augen viel zu lang, viel zu kurz oder zu eng ist, wenn sich eine andere Person darin wohlfühlt. Ich darf nicht über das Outfit urteilen, das in meinen Augen nicht zusammenpasst, aber für die Frau vor mir die Lieblingskombination ist. Ich darf nicht über das Kleid urteilen, das meine Freundin so liebt, ich aber nicht ganz passend finde. Weil ich mit einem kleinen Kommentar, mag er für mich noch so nichtig sein, Unsicherheit schüre, wo vorher keine war. All diese Gespräche haben mich gelehrt, dass ich nur dann andere annehmen kann, wenn ich auch mich selbst annehme. Denn nur wenn ich Akzeptanz und Selbstliebe bei mir selbst spüre, lerne ich eines – andere für das zu mögen, was und wie sie sind, weil es genau das ist, was wir uns auch für uns selbst wünschen:

• • •

Gemocht werden für das, was man selber ist.

(K)ein Leben für Instagram

Instagram war in den letzten Jahren ein wahnsinnig wichtiger Teil meines Alltags und ein großer Bestandteil meines Lebens. Noch vor zehn Jahren hätte ich nie gedacht, was ich alles durch diese App kennenlernen würde. Egal ob es die Menschen betrifft, die ich dadurch kennen- und schätzen gelernt habe und die teilweise zu meinen Freund*innen geworden sind. Seien es die tollen Jobs, die ich dadurch machen durfte, oder die Chance, aus meinen Ideen etwas Großes machen zu können. Aber ich bin ehrlich, nach so vielen Jahren intensiver Beziehung zu dieser App bin ich wahnsinnig müde von ihr geworden. Ich könnte mir ein Leben ohne diese App nicht mehr vorstellen, da sie ein Mittel ist, um mich kreativ auszudrücken und mit Menschen in Kontakt zu bleiben, die ich so niemals getroffen hätte oder vielleicht sogar niemals treffen werde.

Aber ich habe ein gespaltenes Verhältnis zu ihr. Etwa so wie zu einer Tüte Chips. Man weiß, dass zu viel davon nicht gut für einen ist, aber man kann trotzdem nicht widerstehen.

Als ich einige Jahre lang mein Geld damit verdiente, war es meine Aufgabe, täglich Content zu produzieren, damit die Zahlen stimmten. Ich musste täglich Content produzieren, damit die, die mir folgten, weiter Interesse an mir hatten und natürlich in der Hoffnung, dass durch »guten« Content immer mehr Menschen auf mich aufmerksam wurden. Das klingt, als wäre man eine Leuchtreklame, die unablässig blinkt: Schau mich an! Beachte mich! Aber so fühlt man sich manchmal auch. Auf ein Podest gestellt, um beäugt zu werden. Es passiert zwar aus freien Stücken, aber will man in den sozialen Medien Aufmerksamkeit erreichen, muss auch die Privatsphäre Öffentlichkeit werden. Du selber stehst in der Öffentlichkeit. Du bist plötzlich eine wandelnde Werbeplattform für dein eigenes Leben. So etwas wie die *Truman Show*.

Viele Jahre lang ließ ich mir einreden, dass ich nur jemand bin, wenn ich eine große Follower*innenzahl habe.

Viele Jahre lang ließ ich mir einreden, dass es wichtig ist, jeden Tag mit meiner Internetpräsenz über mich hinauszuwachsen.

Viele Jahre lang ließ ich mir einreden, dass ich besser sein müsste als alle anderen, um etwas zu erreichen.

Viele Jahre lang ließ ich mir einreden, dass ich jeden Tag guten und vor allem wichtigen Content mit Tiefgang posten muss, damit ich jemand bin.

Viele Jahre lang ließ ich mir einreden, dass ich über alles informiert sein muss, was in der Welt passiert, da ich doch eine wichtige Stimme habe, die ich einsetzen muss, um Gutes zu tun.

Viele Jahre lang ließ ich mir einreden, dass das alles ist, was zählt, um glücklich zu sein.

Doch insgeheim nahm all dies Formen an, die mehr toxisch als gesund waren und nichts mehr mit dem glücklichen Leben zu tun hatten, das ich doch eigentlich führen wollte. Dadurch, dass ich jeden Tag fast pausenlos auf der Suche nach Content war, den ich posten konnte, damit meine Follower*innen ihn förmlich aufsaugen würden, verlor ich den Blick dafür, was eigentlich im Leben wichtig ist. Ich war immer auf der Suche nach dem perfekten Bild, dem idealen Moment, in dem ich ein kurzes Video aus dem Alltag aufnehmen konnte, und verpasste so den Moment, um die kleinen Dinge des Lebens einfach nur für mich aufzusaugen, ohne ihn mit tausend anderen Leuten zu teilen. Wie die Zeit mit meinem kleinen Sohn. Wie oft hielt ich mit der Handykamera kleine, intime Momente fest, die nur uns gehören sollten, in der Hoffnung, sie fänden bei meinen Follower*innen Anklang. Zeit, die ich mir selber geklaut habe. All diese Zeilen zu schreiben und mich in eine Zeit zurückzuversetzen, in der Instagram alles für mich war, ist erschreckend. Es ist erschreckend, wie viel Macht diese App über einen besitzen kann, auch wenn man denkt, dass es nicht so ist.

Es ist erschreckend, wie sehr du dich von Agenturen beeinflussen lässt, die dir sagen, dass du weniger wert bist, nur weil deine Zahlen in der Instagram-Statistik nicht zu dem passen, was an Zahlen auf deinem Profil steht. Es ist erschreckend, dass du irgendwann beginnst, Neid auf Leute zu entwickeln, die du eigentlich gernhast, nur weil sie in deinen Augen erfolgreicher sind als du selbst. Es ist erschreckend, dass du irgendwann damit beginnst, an dir, deinem eigenen Leben und an deinem Können zu zweifeln, nur weil jemand anderes seine Sache gut macht. Das heißt nicht, dass die Sache, für die du stehst und für die du brennst, weniger Beachtung findet. Nein, ganz im Gegenteil. Aber oft wird einem suggeriert, Erfolg ließe sich so bemessen wie in dieser einen Werbung, in der man seinem beeindruckten Gegenüber Fotos hinblättert: mein Haus. Mein Auto. Meine Yacht. Mein super erfolgreiches, einzigartiges, *fancy* Leben.

Das jeden Tag zu sehen und zu verinnerlichen hat mich krank gemacht. Ich produzierte mich selber krank, und irgendwann erkannte ich, dass ich den falschen Menschen mit den falschen Einstellungen zum Leben folgte. Die Einzigartigkeit, die ich für mich und andere bieten wollte, ging unter in der Masse aus Einheitsbrei und Mainstream in einer Welt, in der alle unbedingt dazugehören wollen. Irgendwann kam ich an den Punkt, an dem ich das so nicht mehr wollte. Weil ich Druck anstatt Entlastung empfand. Weil mein Körper und meine Seele so voll waren mit Eindrücken, die ich nicht mehr verarbeiten konnte. Ich wollte das so nicht mehr, weil Instagram Spaß machen und keine Plattform sein sollte, auf der man sich aufgibt, um etwas vorzugeben zu sein, das gar nicht existiert.

In meinen Therapiesitzungen sprach ich oft darüber und über meinen mangelnden Selbstwert. Es hat viel zu lange gedauert, bis ich verstanden habe, dass dieses ständige Vergleichen und Buhlen um Ruhm und Ehre der schlechteste Weg zur Zufriedenheit und zum Glück sind. Denn wenn man jeden Tag Dinge sieht, die man auch will, verlernt man die Kunst, mit dem zufrieden zu sein, was man bereits hat.

Irgendwann kam ich an einen Punkt, an dem ich beschloss, alles anders zu machen. Mit weniger Druck. Mit weniger Aufmerksamkeit. Mit weniger Neid, Stress und Unzufriedenheit. Denn was nützt ein Leben für Instagram, wenn dein eigenes dadurch im Chaos versinkt? Wer fängt dich am Ende auf, wenn dein Leben der reinste Scherbenhaufen ist? Mit wem sitzt du am Abend auf der Couch und weinst zum Liebesfilm oder lachst zur neuen Comedy-Sendung? Wer ist an deiner Seite, wenn du Liebeskummer hast, wenn das Geld knapp wird, oder wer hilft dir, wenn die Tüten nach dem Einkauf zu schwer sind? Wer schenkt dir Aufmerksamkeit, wenn am Abend das Handy stumm neben dir liegt, und wer hilft dir, wenn du krank bist? Wer hält dir die Hand nach einem Unfall, und wer weiß wirklich von dir, was du magst?

Instagram, das ist das Abbild einer Scheinwelt, mal mehr oder mal weniger nah an der Realität, und egal wie sehr wir uns selber sagen, dass wir authentisch sein wollen, wir sind es am Ende nicht. Am Ende geht es doch trotzdem immer wieder darum, den kleinen Narzissten oder die kleine Narzisstin in sich zu wecken und das zu tun, was gut ankommt. Entweder bei uns selbst oder bei anderen.

• • •

Rückblickend würde ich mir hinsichtlich meines Social-Media-Konsums Folgendes raten:

• • •

Wenn du heute mal nichts zu sagen hast, ist es auch nicht schlimm. Reden ist Silber, aber auch mal schweigen zu können ist Gold. Denn du musst nicht zu allem und jedem Thema eine Meinung haben, und schon gar nicht, wenn du eigentlich nichts darüber weißt. Aber nutze deine Stimme trotzdem weise, wenn du damit etwas Gutes bewirken kannst.

Lass dir nie einreden, dass du irgendwie sein musst, nur um in eine Schiene zu passen. Du bist deine eigene Schiene. Entweder man läuft auf ihr mit, oder man zweigt ab.

Das, was bei anderen so gut aussieht, ist letztlich genauso gut wie das, was du selber hast. Glaub mir, alle anderen kochen auch nur mit Wasser, selbst wenn es nach außen anders wirkt.

Lass dich nicht verbiegen, nur weil du denkst, anders besser zu sein. Du bist gut so, wie du bist. Auf deine eigene Art und Weise.

Auf Instagram kannst du viele Freund*innen finden, aber vergiss nicht die, die du schon vorher hattest.

Es ist vollkommen egal, wie viel du postest. Nicht die Masse macht es, sondern die Klasse. Und das Herzblut, das darin steckt.

Tue etwas aus vollster Überzeugung und nicht nur, weil es jemand anderes sehen will.

Lass dich gerne inspirieren, aber sei auch immer noch deine eigene Inspirationsquelle. Eine Kopie bleibt am Ende doch nur eine Kopie.

Du musst nicht unbedingt lernen, anders zu sein als alle anderen, es reicht schon, wenn du so bist, dass du dich am Ende des Tages noch im Spiegel erkennst.

Egal was du tust. Tue es nicht für die Leute, tue es für dich selbst und fühle dich gut dabei. Was andere daraus machen, ist ihre Sache.

• • •

Es ist nicht verwerflich, seine Freizeit auf Instagram zu verbringen, auf dieser App seine Ideen zu teilen und inspiriert zu werden oder selber zu inspirieren und dafür Aufmerksamkeit zu bekommen, denn Likes, Kommentare und nette Worte bringen Belohnung. Dopamin. Glücksgefühle. Doch am Ende sollte man sich daran erinnern, dass auch das nicht alles ist. Denn das echte Leben wartet immer noch vor der Tür auf uns und nicht vorm Display.

Warum wir Dinge loslassen müssen

Akzeptanz ist der Schlüssel für Neuanfänge. Wenn wir uns selbst, Situationen und Menschen so akzeptieren, wie sie sind, fangen wir an, Wege zu gehen, die wir vorher nicht gegangen wären. Und so begann auch ich, darüber nachzudenken, was mich eigentlich daran hinderte, meinen eigenen Weg zu gehen.

• • •

Ich fing nun intensiv damit an, alle Menschen, Situationen und Unsicherheiten zu analysieren. Jedes Unbehagen musste ich auseinandernehmen, um zu verstehen, woher es kam und was es mit mir machte. Und egal wie unterschiedlich die Situationen waren und wie unterschiedlich die Menschen, mit denen ich diesen oft unausgesprochenen Zwist hatte, ich kam immer zu demselben Ergebnis. Ich kann die Menschen um mich herum nicht ändern, ich kann nur für mich selbst daran arbeiten, wie ich damit umgehen will und kann.

Ich will mich nicht mehr unsicher, klein, abhängig oder schlecht fühlen, wenn ich mit gewissen Dingen konfrontiert werde. Ich will mich nicht mehr verteidigen und entschuldigen müssen. Denn ich habe nichts zu verstecken. Ich musste akzeptieren, auch wenn diese Einsicht oft ebenso verblüffend wie schwierig war, dass manche Menschen niemals ein Teil meines Lebens sein werden, sosehr ich es auch versuchte und mir erhoffte. Ich wollte nicht mehr mit rasendem Herzen und feuchten Händen vor gewissen Personen stehen und mir überlegen, was ich sage. Ich akzeptiere inzwischen, dass es Menschen gibt, die kein großer Teil meines Lebens sein wollen, so, wie ich nicht Teil von ihrem sein will. Weil es Menschen gibt, die trotz einiger Gemeinsamkeiten einfach nicht zusammenpassen, egal wie oft man sich bemüht. Und ich kann und will nicht stets einen Kampf führen, den ich nur verlieren kann, weil ich im Grunde genommen nicht mit dem Herzen dabei bin, sondern nur mit dem Verstand.

• • •

Auch analysierte ich mein Verhältnis zu Instagram noch mal neu, und inwiefern es mein Leben nicht nur bereicherte, sondern mir auch mittlerweile schadete. Auch da musste ich einen goldenen Mittelweg finden, um nicht mehr frustriert und verunsichert durch die App zu scrollen, und es reichte nicht mehr aus, nur virtuell auszusortieren. Ich musste es im wahren Leben ebenso tun.

Es reichte nicht mehr aus, mich virtuell von den Menschen zu trennen, durch die ich mich schlecht fühlte und in Konkurrenzdenken verfiel, obwohl ich es gar nicht wollte. Es reichte nicht mehr aus, mir stets positiv einzureden, dass ich genauso viel wert bin, wie ich bin.

Aber wenn ich mir doch so viel Gutes vornahm, woher kam dann immer wieder dieses Gefühl des Unglücklichseins, das in mir aufkam, wenn ich an meine Selbstständigkeit und Instagram dachte? Woher kamen meine Nervosität und diese Beklommenheit, jedes Mal, wenn ich die App öffnete, obwohl ich dadurch so viel erreicht hatte?

Ich glaube, tief in mir drin spürte ich schon lange, dass ich meine Geschichte im Grunde schon zu Ende erzählt hatte. Tief in mir drin merkte ich schon relativ lange, dass ich aus meinen anfänglichen kleinen Schuhen herausgewachsen war, die ich 2019 angezogen hatte, um über meine Mutterschaft zu reden. Ich war über all die Zweifel und Probleme hinausgewachsen, die diese Rolle für mich bereithielt. Ich habe immer noch Baustellen, aber die größten sind an eine andere Straßenecke umgezogen, damit andere dort weitermachen können, wo ich aufgehört habe.

Mein Fokus hatte sich verlagert, ich war zu neuen Ufern aufgebrochen. Die Themen, die ich damals begonnen hatte, führen jetzt andere weiter, und vielleicht noch besser und effektiver als ich. Ich merkte, dass ich nicht mehr so schnell und vielseitig Content erstellen kann und auch nicht will. Ich merkte, dass mein Körper, mein Geist und meine Seele sich so sehr dagegen wehrten, noch mehr leisten zu müssen, um voranzukommen, dass sie komplett dichtmachten und kapitulierten. Die einzige Hoffnung und Lösung war, die Notbremse zu ziehen. Die Batterien und Akkus aufzuladen, und zwar nicht nur halb, sodass man ganz gut weiter funktioniert, sondern ganz. Die vollen hundert Prozent und vielleicht sogar darüber hinaus. Ich brauchte einen neuen Fokus und etwas, auf das ich mich bedingungslos freuen konnte.

Ich brauchte Leichtigkeit.

Ich brauchte Pausen.

Ich brauchte Auszeiten. Für mich und mein Leben, und das außerhalb der Instagram-Bubble.

• • •

Ich habe erkannt, dass es schön sein kann, Erfolg mit dem zu haben, was man gerne macht, aber dass der Preis für mich zu hoch ist, all das zu halten.

In Kombination mit den regelmäßigen Sitzungen, in denen ich mit meiner Psychologin meine neuen Erkenntnisse teilte und besprach, merkte ich einen inneren Wandel. Ich merkte, dass ich zufriedener wurde. Weil ich losließ. Ich versuchte nicht mehr, mich krampfhaft an Dinge zu klammern, die von vornherein zum Scheitern verurteilt sind und die mich unglücklich machen. Ich fokussierte mich auf mein Seelenheil und das, was mir jeden Tag ein gutes Gefühl gab. Dazu gehörte irgendwann auch, zu erkennen, Instagram in seiner jetzigen Form loszulassen. Ich betrachtete diese App nicht mehr als meinen Feind und etwas, das versucht, mich aufzufressen, wenn ich ihm nicht genug Nahrung liefere. Ich machte selbst meine neuen Regeln. Ich hörte auf, ständig aktiv zu sein, und setzte mir selbst Limits. An den Wochenenden gab ich mir frei und postete rein gar nichts. Ich hörte auf, mir darüber Gedanken zu machen, wann ich welchen tiefgründigen Text mit Mehrwert poste, den viele so gerne lesen, wenn ich mich nicht dazu imstande fühlte. Ich hörte auf, sinnlose Storys zu erstellen, nur weil man von mir irgendein Lebenszeichen erwartete, und ich hörte auf, stets meine Timeline zu aktualisieren, weil ich am Ende weder etwas verpasste noch allzu viel davon hängen blieb.

Und je weiter ich mich von all dem Druck und den Algorithmen entfernte, desto klarer wurde auch, dass ich diese Plattform nicht mehr dafür nutzen wollte, mein Geld zu verdienen, weil ich es auch ohne sie immer noch kann. Nur das hatte ich in all der Zeit des Erfolgs vergessen. Denn eigentlich bin ich mit Leib und Seele Krankenschwester, und diesen Job kann ich verdammt gut. Es ist der Job, den ich im selben Atemzug verfluche und doch brauche wie die Luft zum Atmen. Je mehr ich mich mit dem Gedanken anfreundete, Instagram nur noch als mein Hobby zu sehen, als eine Plattform, um mich auszudrücken, kreativ zu sein und ab und an Geld damit zu verdienen, desto leichter fühlte ich mich. Und je leichter ich mich fühlte, desto mehr wurde mir klar, wie sehr ich meine Arbeit mit Menschen vermisste. Mir fehlten meine festen Feierabende, meine festen Wochenenden, ein Ziel vor Augen und eine Arbeit, die dankbarer ist, als den ganzen Tag an sich zu zweifeln. Mein Job gab mir damals Selbstbewusstsein und Selbstvertrauen in mein Können, und auch wenn ich immer mal wieder vor Herausforderungen stand, die bewältigt werden wollten, so konnte ich am Abend stolz und zufrieden darauf zurückblicken, ohne zermürbt oder frustriert zu sein. Trotz aller Widrigkeiten, die die Pflege nun mal mit sich bringt.

Meine Chefin schien, so mein Eindruck, witzigerweise nicht mehr daran zu glauben, dass ich wiederkommen könnte. Aber umso größer war die Freude, als ich mit selbst gebackenem Kuchen im Pausenraum meiner alten Arbeitsstelle saß, alle lieben Vorgesetzten um mich geschart und Pläne schmiedend, wann ich wieder dort anfangen könnte. Es war ein Gefühl wie nach Hause kommen. Als wäre ich nie weg gewesen. Und schon war der Entschluss gefasst: Ich würde wiederkommen. Nachdem dieser Entschluss feststand, fühlten sich mein Herz und meine Seele leichter an. Ich atmete auf. Der Druck war weg.

• • •

Es ist wirklich seltsam, dass dieses Leben, das ich mir so lange gewünscht und erträumt hatte, keinen Reiz mehr für mich hatte. Früher wollte ich gesehen und gehört werden. Verstanden und gemocht von wildfremden Menschen, und ich wollte in der Öffentlichkeit stehen. Das war lange mein einziger Wunsch. Was ich nicht wusste, war, dass du immer einen Teil von dir selbst aufgeben musst, um Teil des öffentlichen Lebens zu sein. Du musst einen Teil deiner Freizeit, deines Privatlebens und vielleicht sogar deiner psychischen Gesundheit opfern, um nicht in Vergessenheit zu geraten. Aber dazu war ich irgendwann nicht mehr bereit. Ich habe erkannt, dass ich mich nicht mehr zwischen dem einen oder dem anderen entscheiden will. Ich will nicht wählen müssen zwischen Kreativität und meinem Job in der Pflege. Ich kann weder das eine aufgeben noch das andere, weil ich beides bin und das eine nicht geht ohne das andere. Ich möchte beides miteinander verbinden. Instagram nutze ich nur weiterhin, solange es mir Spaß macht, und ich werde damit auch so schnell nicht aufhören. Weil ich es liebe, andere Menschen mit dem, was ich selbst liebe, zu inspirieren. Und mit der Pflege aufhören kann und will ich nicht, weil es der Job ist, den ich anscheinend machen muss, um glücklich zu sein. Er erdet mich, er lässt mich dankbar sein, und er bringt mir Freude.

• • •

Vielleicht musste ich all die Erfahrungen der letzten Jahre durchleben, um herauszufinden, was ich wirklich will und was mich glücklich und zufrieden macht.

• • •

Vielleicht musste ich die letzten beiden Jahre mental am Tiefpunkt ankommen, um mir endlich bei Dingen Hilfe zu holen, die ich alleine nicht hätte verarbeiten können.

• • •

Vielleicht musste ich die letzten Jahre einiges von mir abstoßen, um zu erkennen, was mir lieb und teuer ist, und vielleicht musste ich auch lernen, dass einiges, was mir lieb und teuer erschien, es am Ende gar nicht ist.

• • •

Vielleicht ist es ja auch einfach der Lauf der Dinge, dass wir glauben, einen ganz bestimmten Weg gehen zu müssen, einfach, weil er uns in dem Moment glücklich macht.

• • •

Vielleicht ist es normal, dass wir temporär mit Dingen glücklich sind, weil sie uns in dem Moment zu einem besseren Menschen machen, Dinge aber auch ziehen lassen dürfen und müssen, wenn wir aus den Kinderschuhen herausgewachsen sind und neue Herausforderungen brauchen. Auch wenn sie uns erst mal Angst machen. Aber Angst, gerade vor neuen Dingen, ist normal.

• • •

Vielleicht heißt Veränderung oder einen Weg anders gehen als geplant nicht, dass man versagt hat. Sondern nur, dass man das tut, was einen am Ende glücklicher macht als gedacht.

• • •

Manchmal, da müssen wir lieb gewonnene Dinge ziehen lassen, um endlich weiterzukommen, um neue Wege beschreiten und neue Ziele verfolgen zu können.

Therapie

Als ich zu meinen Eltern sagte, dass ich eine Therapie machen will, habe ich mich in diesem Moment nackt und verletzlich gemacht.

Denn damit gab ich zu, dass ich Unterstützung brauchte, um mit meinen wirren und ungeklärten Gefühlen umzugehen, mehr über sie zu erfahren und an ihnen zu wachsen und zu arbeiten. Wobei ich damals noch nicht einmal ahnte, wie sehr ich mich dadurch weiterentwickeln würde.

In dem Moment, als ich erklärte, eine Therapie anfangen zu wollen, erlebte ich das erste Mal hautnah mit, wie Menschen darauf reagieren, wenn man verkündet, sich professionelle Hilfe zu suchen. Verwirrte Blicke schweiften umher, Scham machte sich breit, und es stand die unausgesprochene Frage im Raum, was man darauf jetzt am besten antwortet. Die Blicke und Körperhaltungen sprachen Bände. Niemand außer meiner Mutter sagte irgendetwas.

Neben Tränen, die ihr die Wangen hinunterliefen, und den Vorwürfen, die sie sich selbst machte, hatte sie noch größere Angst, dass es mir so schlecht gehen müsse, dass ich keinen anderen Ausweg mehr sehen würde. Sie fragte mich, wieso ich so unglücklich sei, und fragte sich, wieso ihr all das nicht schon eher aufgefallen sei. Aber in der Hinsicht konnte ich sie beruhigen. Denn nicht mal ich wollte lange Zeit wahrhaben, dass da in den letzten Jahren innerlich etwas in mir ins Wanken geraten war und ich an einem Punkt angelangt war, an dem ich all das begradigen wollte. Unglücklich war ich nie gewesen, nur fühlte ich mich innerlich schon länger etwas … anders.

Doch allein diese verdruckste Reaktion auf meinen Entschluss spiegelte das Stigma wider, das immer noch an einer Therapie oder psychologischen Betreuung haftet, und es ist fast so, als wäre man selbst schuld daran.

Doch man ist in den meisten Fällen nicht selbst schuld daran, dass die Seele Hilferufe sendet, egal auf welchem Weg.

Meist ist es das Resultat festgefahrener Muster, entweder aufgrund von Erziehung, Beziehungen, gesellschaftlichen Erwartungen, einschneidenden Erlebnissen oder aufgrund von falschen Glaubenssätzen, die sich auf unser Fühlen, Denken und Handeln auswirken. Und gar nicht so selten ist es das Resultat aus Traumata jeglicher Art, die man verarbeiten und heilen muss.

Wenn ich vom Stigma der therapeutischen Unterstützung rede, nenne ich gerne ein bestimmtes Beispiel, um zu verdeutlichen, wie man Menschen sieht, die diese Hilfe in Anspruch nehmen. Ich rede von Dr. Jekyll und Mr. Hyde. Von der Geschichte eines Arztes, der in der Nacht zum Monster wird und Menschen tötet. Der Mann mit den zwei Gesichtern.

Doch nicht jede*r, der oder die sich in Therapie begeben möchte, ist eine tickende Zeitbombe und stellt eine Gefahr für die Allgemeinheit dar. Nicht jede*r, der oder die sich in professionelle Hilfe begeben will, ist unfähig, sein oder ihr Leben vernünftig zu führen. Ganz im Gegenteil. Es hat nichts mit dem Bild der weißen Zwangsjacke zu tun, in die man geschnürt wird, oder mit einem leeren und dunklen Raum, in den man gesperrt wird.

Man möchte vielmehr mit diesem Hilfsangebot sein Leben bestmöglich gestalten.

Eine Therapie zu beginnen hat etwas mit Heilung zu tun. Mit dem Kennenlernen seiner selbst und mit dem Verstehen von Gefühlen, Handlungen und Reaktionen. Ich weiß noch, wie ich vor ziemlich vielen ersten Sitzungen nicht wusste, was ich sagen sollte, da es im ersten Moment nichts gab, worüber ich hätte reden können. Doch das Gute ist, dass in jeder noch so leisen Reaktion eine Botschaft steckt, die entschlüsselt werden will.

Nicht selten weinte ich am Ende einer Sitzung, weil das, was ich sehr lange nicht begreifen oder sehen konnte, endlich ans Licht kam und mir neue Türen öffnete, durch die ich nie gegangen wäre.

Die Therapie hilft mir zu verzeihen. Mir. Menschen in meinem Leben. Situationen, die mich bis dato nicht losgelassen haben. Die Therapie schafft Frieden. Sie schafft es, mich und andere mit anderen Augen zu betrachten. Sie hilft mir zu verstehen, wieso ich so lange Angst im Dunkeln hatte oder wieso ich manchen Menschen einfach nicht in die Augen blicken kann. Sie hilft mir zu verstehen, wieso ich das Bedürfnis habe, mich für andere zu verstellen, um gemocht zu werden. Nämlich, weil ich unfassbare Angst davor habe, von anderen nicht gemocht und abgelehnt zu werden. (Selbstwert, Baby!)

Dabei ist es doch normal, dass man nicht von allen gemocht werden kann und man selber auch nicht Hans und Franz zu seinen Freunden zählen möchte.

Meine Therapie hilft mir dabei, nicht mehr in allem das Schlechte zu sehen und zu erkennen, dass nicht alle Menschen etwas Böses von mir wollen, nur weil es nicht so läuft, wie ich mir die Dinge insgeheim vorstelle. Sie hilft mir dabei, mich auf den Moment zu konzentrieren und nicht nur an das zu denken, was passieren könnte und vielleicht doch nicht eintritt. Sie hilft mir dabei, einmal tiefer durchzuatmen, anstatt vorschnell zu handeln. Sie hilft mir dabei, zuerst zu analysieren oder, im Gegenteil, manchmal einfach nur zu fühlen, anstatt zu zerdenken. Sie hilft mir dabei, Abstand zu gewinnen, anstatt manches zu nahe an mich heranzulassen, da ich einige Dinge im Leben einfach nicht ändern kann, obwohl ich es so gerne würde.

Eine Therapie beginnen ist, wie mit Flügeln fliegen lernen. Nur dass es die Seele ist, die lernen muss, sich zu befreien.

Die Last der Eltern tragen

Die Beziehung zu meinen Eltern fühlte sich in den letzten Jahren wie ein ziemlich großer, heftiger und nie enden wollender Liebeskummer an, von dem ich dachte, er würde nie heilen. Wenn ich auf meine Kindheit zurückblicke, erinnere ich mich an keines dieser Gefühle, die ich schon eine Weile mit mir herumschleppe. Gefühle, die ständig zwischen Liebe, Sehnsucht, Enttäuschung, Erwartung und Distanz wechseln. Manchmal täglich und manchmal erst dann, wenn ich vor ihnen stehe.

In der Kindheit, da fühlte ich nichts als Liebe. Liebe und Dankbarkeit. Sie waren meine Beschützer. Sie waren immer da. Sie gaben Liebe. Wenn ich an meine Kindheit denke, erinnere ich mich an diese große Glasglocke, die man über mich und mein Leben stülpte, damit es mir immer gut ging, und tief in meinem Herzen und in meiner Erinnerung ist da diese unerschütterliche Wärme, die ich für immer in mir tragen werde. Früher, da schien alles heil zu sein, und nichts würde sich daran ändern.

Doch je älter ich wurde, je mehr ich aus dem ausbrach, wie man mich erzogen hatte, und je mehr ich das Leben hinterfragte, desto wütender wurde ich auf meine Eltern. Ich strampelte sie mit all meinen Gliedern von mir und wehrte mich. Gegen sie, gegen die Art, wie ich aufgewachsen war, was man mich gelehrt hatte, wer ich bin, wer sie sind und wie sie mit mir umgingen. Ich ertrug keine Nähe mehr, keine Umarmungen, keine Berührungen. Ich war jähzornig und abwehrend. Auch wenn ich mich oft dafür hasste.

Ich war wütend, weil ich auf eine ganz bestimmte Sache wartete, die sich für mich in dem Moment nicht erfüllte, und dafür bestrafte ich sie. Immer und immer wieder. Ich fühlte mich nicht gesehen. Nicht verstanden. Nicht richtig geliebt, obwohl nichts von all dem stimmte. Mit meiner Psychologin redete ich oft und vor allem offen über all diese Themen und darüber, dass ich Angst hatte, meine Eltern nicht mehr lieben zu können und sie nur noch zu verurteilen. Anstatt unser Verhältnis so anzunehmen, wie es ist. Ich verglich das Verhältnis zu meiner Familie gerne mit anderen Familien und vor allem mit jenen, die ich persönlich kannte. Ich sah oft all das, was ich haben wollte und in meinen Augen nicht hatte, anstatt mit dem etwas anzufangen, was man mir geben kann und will.

Meine Psychologin versuchte, mir in kleinen Schritten klarzumachen, um welche Themen es hier zwischenmenschlich ging.

Es ging zum einen um den Abnabelungsprozess, den ich gerade mit mir und meinen Eltern durchlief, und es ging um die Erwartungen, die ich an sie hatte, ohne dass sie davon etwas ahnten.

Das Verhältnis zu unseren Eltern ändert sich im Laufe des Lebens, da wir uns alle stets in unserem Denken, Handeln und Tun weiterentwickeln. Bei den einen verändert sich die Beziehung eher oberflächlich, bei den anderen geht es in die Tiefe. Bei den einen hinterlässt die Veränderung kleine Pfützen, bei den anderen ziemlich tiefe Wassergräben.

Bei mir hinterließ die Veränderung meines Denkens eher ganze Ozeane. Tiefe Ozeane. Und obwohl die Liebe zu meinen Eltern innerlich stärker war als der stärkste Widerstand, blieb in mir oft nur die unbefriedigende Leere zurück, nachdem wir miteinander telefonierten oder nachdem ich nach einem Besuch wieder ins Auto stieg und nach Hause fuhr. Plötzlich fühlten sich meine Eltern für mich fremd an. Nicht greifbar, obwohl wir uns umarmten. Es fühlte sich an, als würden plötzlich Welten zwischen uns liegen. Welten, die keinen Bezug zueinander hatten. Welten, in denen man nicht dieselbe Sprache sprach. Es war frustrierend. Warum waren sie so anders als ich, und warum wollten sie nicht so sein, wie ich sie und unser Verhältnis gerne hätte?

Mit genau dieser Frage konfrontierte ich meine Psychologin, die fast schon mit einem süffisanten Grinsen auch hier den wunden Punkt berührte, den ich selbst nicht ertasten konnte.

• • •

Sie sagte, dass ich wolle, dass meine Eltern so sein sollen, wie ich sie haben will, anstatt dass ich sie so nehme, wie sie nun mal sind.

• • •

Das hatte gesessen. Ich fühlte mich ertappt. Hatten sich die Rollen vertauscht? Ich erinnerte mich daran, wie es als Teenager war, als meine Eltern versuchten, mich nach ihren Wünschen und Vorstellungen zu formen, und wie ich nichts davon mit mir machen lassen wollte. Ich wollte so sein, wie ich bin, und mich nicht verbiegen oder manipulieren lassen, nur um meine Eltern glücklich zu machen. Hatte ich nun den Spieß umgedreht?

Ich wollte immer, dass man mich so nimmt, wie ich bin, auch wenn ich selbst oft daran scheiterte. Wieso wollte ich das genaue Gegenteil jetzt von meinen Eltern? Warum fühlte sich unser Verhältnis so verdammt frustrierend an? Warum fühlte es sich an, als wären wir in einer Sackgasse gefangen?

• • •

Lerne, deine Eltern zu verstehen. Lerne, ihr Leben zu verstehen. Ihre Jugend. Ihre eigene Erziehung. Ihre eigenen Erfahrungen. Ihre Enttäuschungen, Ziele, Träume. Wenn du das alles weißt, kannst du anfangen zu verstehen. Es liegt meist nicht an dem Verhältnis an sich. Sondern an einem Mangel an Kommunikation und Verständnis. Die Dinge liegen oft in der Vergangenheit begraben. Man kann nicht mehr alles retten, ausdiskutieren und neu empfinden. Aber man kann versuchen zu verstehen, um es zu verarbeiten und zu akzeptieren.

• • •

So oder so ähnlich hört es sich an, wenn meine Psychologin versucht, mich daran zu erinnern, dass es sich öfter lohnt, hinter die Fassade zu blicken, damit man anfängt zu verstehen. Denn wenn man anfängt, Dinge zu verstehen, verändert sich auch der Blick auf die Dinge selbst.

• • •

Wenn ich also verstehen wollte, warum mich das Verhältnis zu meinen Eltern und vor allem zu meinem Vater so aufreibt, musste ich anfangen, tiefer zu graben. Ich musste da anfangen, wo alles seinen Ursprung hat. Nämlich in der Kindheit. Dort, wo viele Charakterzüge geprägt werden.

Und je mehr ich grub, desto mehr fand ich entweder Parallelen zur Gegenwart oder Gründe dafür, warum manche meiner Wünsche unerfüllt, manches ungesehen und manches unausgesprochen blieb.

Je mehr ich grub, desto mehr fand ich heraus, dass nicht alle in der Lage dazu sind und sein wollen, ihren Gefühlen Ausdruck zu verleihen, weil sie es vielleicht nie gelernt haben. Weil sie selbst Traumata erlebten, die sie nie verarbeitet haben, oder in Zeiten groß wurden, in denen es als Schwäche galt, sich verletzlich zu zeigen. Weil sie selbst nicht in der Lage dazu waren, einen Schlussstrich zu ziehen, sich aus alten, toxischen Mustern zu befreien oder für das einzustehen, was sie eigentlich machen wollten. Und stattdessen nur das taten, was angeblich das Beste für sie war. Aber leider nicht das Richtige.

Je mehr ich grub, desto mehr fand ich heraus, dass nicht

alle aus ihrer Haut können oder wollen, aus Angst vor dem, was darunter zum Vorschein kommt.

Je mehr ich grub, desto mehr fand ich heraus, dass man Menschen im Alter nicht mehr ändern kann, auch wenn man es sich noch so sehr wünscht. Und dass alte Muster sich auch mit großem Widerstand kaum noch brechen lassen, weil sie bereits viel zu sehr in einem verankert sind.

Je mehr ich grub, desto mehr fand ich heraus, dass ich eigentlich gar nicht sauer auf meine Eltern war, sondern auf mich und darauf, dass sie nicht so waren, wie ich es wollte. Ich war sauer auf sie, weil sie andere Interessen hatten, politisch anders dachten, anders aßen, redeten, sich anders kleideten und nach anderen Vorstellungen lebten als ich.

Ich war sauer, weil ich von meinen Eltern dieselbe emotionale Aufgeschlossenheit, denselben emotionalen Stand und dasselbe emotionale Interesse erwartete, wie ich es von mir kenne und auslebe. Ich wollte unbedingt, dass sie so handeln, fühlen und verstehen können wie ich, und war vor den Kopf gestoßen, als sich nichts von all dem erfüllte.

• • •

Was erwartest du von deinen Eltern und eurer Beziehung?, fragte mich meine Psychologin, als ich wieder in einer emotionalen Sackgasse steckte.

• • •

Eine sehr gute Frage, auf die ich zunächst keine Antwort wusste. Aber nach reiflicher Überlegung wünschte ich mir, glaube ich, eine Bilderbuchfamilie zu haben, wie ich sie aus dem Fernsehen kannte. Eine Familie, die miteinander viel unternimmt, die über Gefühle redet, vielleicht miteinander in den Urlaub fährt und wie in einem dieser Knorr-Werbespots gemeinsam am Tisch sitzt und lacht. Eine Familie, die über alle Sorgen offen reden kann, ohne dass Gefühle klein- oder schlechtgeredet werden. Eine Familie, in der man sich gehört, gesehen und unterstützt fühlt.

Ich weiß, dass neun von zehn Dingen auf meine Familie zutreffen, aber das, was mir am meisten fehlt und wonach ich mich am meisten sehne, ist das Verständnis von emotionaler Intimität. Und es zermürbt mich, dass ich weiß, dass ich meine Sensibilität und vor allem meine Hochsensibilität von meinen Eltern geerbt habe. Aber zu merken, dass ich die Erste und Einzige von uns bin, die diesen Gefühlen Raum gibt, sie rauslässt, offen mitteilt, aber wenig zurückbekommt, lässt in mir eine tiefe Leere zurück.

• • •

Eine der wichtigsten Lektionen, die mir meine Psychologin mitgegeben hat, war, dass ich meine Eltern nicht dafür verantwortlich machen darf, dass sie in einer emotional eingeschränkteren Generation aufgewachsen sind als ich. Denn obwohl sie selbst in ihrer Kindheit manche emotionale Seite vermissten, wollten sie es bei ihren eigenen Kindern immer besser machen, auch wenn es oft Hürden gab, die sie dafür überwinden mussten.

Ich darf meine Eltern nicht dafür verantwortlich machen, dass wir heute in einer Zeit leben, in der wir emotional zugänglicher sind und unsere Gefühle offener kommunizieren. Teilweise rund um die Uhr. Ich darf meine Eltern nicht dafür verantwortlich machen, dass sie meine Erwartungen an sie nicht erfüllen, weil sie sie schlicht nicht erfüllen können. Aus vielerlei Gründen. Entweder aus Selbstschutz oder weil sie nicht wissen, wie sie es angehen sollen. Meine Wut, meine Distanziertheit und mein Groll, den ich oft in Situationen hegte, in denen ich mich wieder einmal nicht verstanden oder gehört fühlte, resultierten also daraus, dass man mir in dem Moment nicht helfen konnte oder wollte. Denn wie soll man jemandem helfen, wenn man noch nie selbst mit einem bestimmten Problem konfrontiert war oder selbst nie Hilfe bekommen hat?

Meine Psychologin lehrte mich, dass wir keine Menschen ändern können, nur weil wir es so dringend für uns selbst wollen. Wir können keine Menschen ändern, nur damit sie unsere Wünsche und Vorlieben besser erfüllen können als vorher. Wir können nur uns selbst ändern und anfangen, mit der Situation umzugehen.

Sie lehrte mich aber auch, dass ich einen Schlussstrich ziehen darf, wenn ich nicht mehr kann. Wenn es mir zu viel wird, die Situation auszuhalten. Nur um des Friedens willen.

Sie lehrte mich, dass es falsch und eine Bürde ist, als Kinder unserer Eltern immer lieb, nett und verständnisvoll sein zu müssen, und wir das Recht haben, aus dieser »Wiedergutmachungssituation« auszubrechen. Denn wir schulden unseren Eltern nichts. Auch wenn sie uns gezeugt und das Leben geschenkt haben und wir ein Leben lang dafür dankbar sein sollten.

• • •

Wir müssen nichts aushalten.

• • •

Weder die unerfüllten emotionalen Wünsche unserer Eltern noch unsere eigenen. Wir müssen es nicht aushalten, nicht so angenommen zu werden, wie wir sind oder sein wollen, nur weil es ihnen früher vielleicht genauso ergangen ist. Wir müssen keine emotionale Distanz ertragen, und schon gar nicht, wenn jemand Emotionen und Gefühle nicht unter Kontrolle hat. Wir müssen es nicht aushalten, unter der emotionalen Last unserer Eltern fast zusammenzubrechen, weil wir stärker als sie merken, wonach wir uns insgeheim sehnen.

Ich habe sehr lange dafür gebraucht, um zu verstehen, dass es nicht an mir liegt, an meinen Eltern oder an unserem Verhältnis an sich, dass sich emotional nicht das erfüllt, was ich mir schon seit langer Zeit wünsche. Es liegt an meiner Erwartungshaltung gegenüber dem, was passieren soll, aber nicht passieren wird.

Nicht das zu bekommen, was man sich selbst wünscht,

ist hart und fühlt sich schwer und zugleich ungerecht an. Doch ich kann inzwischen besser nachvollziehen, wie es für die andere Seite gewesen sein mag, selbst nicht das bekommen zu haben, wonach sie sich so lange gesehnt haben. Und obwohl ich es mir innerlich immer noch oft anders wünsche, habe ich vor allem gelernt, dass ich für die Bürden meiner Eltern nichts kann und ich sie nicht für sie tragen kann und möchte. Ich kann sie nicht zu etwas zwingen, das sie selbst nicht kennen und auch nicht wollen, nur damit sich meine Erwartungen erfüllen. Aber ich kann da sein und zuhören, falls der Moment kommt, an dem sich das Innerste nach außen kämpft. Ich kann da sein und jeden einzelnen Moment genießen, der mir mit ihnen guttut. Ich kann da sein und Verständnis zeigen, auch wenn ich es anders machen würde. Aber ich habe auch das Recht, mich rar zu machen, falls all das auf mich toxisch wirkt und ich dem Druck nicht mehr standhalten kann, den ich mir selbst auferlege. Ich muss nichts aushalten, nur weil Blut dicker als Wasser ist. Denn das ist es ganz oft nicht. Aber ich kann da sein und lernen.

• • •

Über mich.
Über meine Gefühle.
Über meine Erwartungen, die sich vielleicht so nie erfüllen werden.

• • •

Aber egal wie lange dieser Prozess der Annahme dauert oder gedauert hat oder egal wie sehr ich mich rückblickend für mein Verhalten und all das, was in der Vergangenheit passiert oder nicht passiert ist, verurteile, kann und möchte ich sagen:

• • •

Mama. Papa. Ihr seid mein Anker. Mein Fels in der Brandung. Ich liebe euch. *Always.*

Sei gnädiger mit dir

Als ich meine Therapeutin damals um Hilfe bat, mich von meiner schlimmsten Angewohnheit zu befreien, nämlich der, mir selbst einzureden, dass ich als Mensch nicht genüge, gab sie mir eine erste und ganz besondere Aufgabe.

Sie bat mich, alle Rollen in meinem Leben aufzuschreiben und miteinander zu vernetzen. Eine Art Mindmap meines Lebens. Im Zentrum stehe ich, Jana. Und um mich herum, wie die Arme eines Tintenfischs, alle Aufgaben die ich tagtäglich erfülle:

- Krankenschwester
- Schwester
- Freundin
- Tochter
- Mutter
- Ehefrau
- Seelentrösterin
- Selbstständige
- Hausfrau
- Zuhörerin
- Beraterin

- Kreative
- Tierbesitzerin
- Organisatorin
- Köchin
- Stylistin
- Sprechstundenhilfe
- Helferin in der Not
- Geliebte

• • •

Das sind die sichtbaren und unsichtbaren Rollen, die mir auf Anhieb einfallen, und bestimmt gibt es noch mehr. Der Sinn und Zweck dieser Übung ist aber nicht, nach immer mehr Rollen zu suchen, sondern auf einen Blick zu erkennen, wie viele Funktionen wir tagtäglich ausüben, ohne sie wahrzunehmen. Kein Wunder also, dass wir am Ende des Tages mehr als k.o. auf der Couch liegen und eine Pause brauchen. Wenn wir uns all diese Rollen ansehen, die wir teilweise so selbstverständlich und gut ausfüllen, wie können wir uns dann noch die Frage stellen, ob wir genug leisten?

Weil wir verlernt haben, auf uns selbst zu achten, und lieber darauf schauen, was andere tun. Und vor allem, wie gut sie es tun.

Wir sind so darauf fixiert, ständig nur das Gute in anderen zu sehen, dass wir die Momente verpassen, uns selbst dafür zu feiern, was wir jeden Tag alles stemmen.

Horche also mal zur Abwechslung in dich hinein und

denk an das, was du tagtäglich leistest und welche Rollen und Aufgaben du erfüllst. Vielleicht denkst du auch an all die Herausforderungen, die du in deinem Leben bisher gemeistert hast. Egal wie groß oder wie klein sie sind und wie unbedeutend sie dir erscheinen mögen. Aber wenn du alle auf einen Blick vor dir siehst, wirst du erkennen, wie viel du, und zwar ganz allein, jeden Tag schaffst. Und das ist eine ganze Menge. Du kannst stolz auf dich sein.

• • •

Wenn wir also von Selbstliebe reden, dann reden wir nicht nur von Akzeptanz uns selbst gegenüber, sondern auch gleichzeitig von Heilung. Wir heilen unsere inneren Wunden, die nicht nur etwas mit Cellulite oder der Wahl der falschen Kleidung zu tun haben. Es geht darum, wie wir leben und wie wir glücklich werden wollen. Wie wir gehört und wahrgenommen werden wollen. Egal wie. Egal mit wem. Egal wann. Egal wo. Selbstliebe, das hat etwas mit unseren Höhen und unseren Tiefen zu tun. Mit unseren guten und vor allem mit unseren schlechten Tagen und damit, wie wir mit genau diesen Tagen umgehen, von denen wir denken, sie bringen uns um. Wie gehen wir mit Trennungen um, mit Streit, Angst, Unbehagen, Stress, Unsicherheit oder mit Momenten, von denen wir denken, dass wir sie nie bewältigen können?

• • •

Wir lassen sie zu.

• • •

Auch das hat etwas mit Selbstliebe zu tun. Das Schlechte zulassen, um daraus zu lernen und gestärkt daraus hervorzugehen. Und egal was du in diesen Situationen fühlst und egal wie stark deine Gefühle sind, sie dürfen gelebt werden.

Vielleicht kann ich dich ja mit einer kleinen Liste mit Dingen, die ich für mich im Prozess der Heilung und der Akzeptanz entdeckt habe, inspirieren.

• • •

- Reden
  Nicht jede*r möchte sofort über ihre/seine Probleme, Ängste und Sorgen reden, aber unausgesprochene Worte sind wie ein dichter Nebel in unserem Kopf, der unser Denkvermögen behindert. Werden die Worte, die uns quälen, ausgesprochen, fühlen wir uns leichter.

- Deine Emotionen rauslassen
  Dabei ist es egal ob du lachst, weinst, schreist, flüsterst oder äußerlich ruhig bist, jedes Gefühl darf gefühlt werden, und niemand sollte sich jemals für seine/ihre Gefühle schämen.

- Tanzen

  Drehe die Musik laut auf, wenn du kannst, such den Song heraus, der dich glücklich macht, und fühle die Musik. Wie du beim Tanzen aussiehst, ist völlig egal. Eine Freundin von mir gab mir mal einen Tipp: Drehe die Musik auf und lege dich mit dem Rücken auf den Boden. Fühle die Musik. Fühle den Moment. »Dielenbodenmusik« nennt sie es. Und es stimmt, in dem Moment, wenn man auf dem Boden liegt und nichts weiter tut, als spüren und lauschen, fühlt man sich vor allem: frei.

- Rückzug

  Wenn dir die Welt um dich herum zu viel wird und du einfach eine Pause brauchst, nimm sie dir. Genieße die Zeit für dich ganz allein. Sag Termine und Treffen ab oder verschiebe sie nach hinten, auch gern für mehrere Tage. Nichts ist wichtiger als dein inneres Gleichgewicht.

- Lesen

  In der Zeit meiner Findungsphase habe ich viel rund um Selbstliebe und Psychologie gelesen. Ein gutes Buch, ein tolles Dossier in einer Zeitschrift, ein Post oder eine Story auf Instagram können an schlechten Tagen die Stimmung ungemein heben. Dafür darf man es sich auch gerne auf der Couch bequem machen.

- Deine spirituelle Seite entdecken
  Ich weiß, mit Spiritualität verbinden wir oft Hokuspokus oder Esoterik. Aber spirituell zu sein, das liegt uns Menschen im Blut, nur haben wir es im Laufe unserer Entwicklung verlernt. Es bedeutet, einen Einklang von Körper und Geist herzustellen und die Kraft der Natur auszuschöpfen. Das Legen von Tarotkarten, kleine Räucherrituale mit heimischen Kräutern, das Experimentieren mit Ölen, das Benutzen von Pflanzen und Schutzkristallen haben eine innere Ruhe in mein Leben gebracht, von der ich nicht dachte, diese empfinden zu können. Einen Versuch ist es wert.

- Abgrenzung
  Die wichtigste Regel im Umgang mit dir selbst: Grenze dich von allem ab, was dir nicht guttut. Alles, was dich runterzieht, gehört aus deinem Leben verbannt. Das ist nicht leicht, und es erfordert Mut, aber letztendlich ist das Abschotten von negativen Impulsen der erste Schritt, um endlich d u sein zu können. Dabei ist es egal ob es sich dabei um Freund*innen, Familie, Jobs, Gefühle, Orte oder Gegenstände handelt. Du alleine entscheidest dich für die guten Dinge in deinem Leben. Stück für Stück.

- Nein sagen
  Verrückt, dass ein so kleines Wort so viel Mut erfordert, oder? Denn ab dem Zeitpunkt, an dem wir es aussprechen, haben wir Angst vor der Reaktion unseres Gegen-

übers. Weil wir uns gegen etwas entscheiden, das man von uns hören oder haben will. Dabei zeigen wir nur deutlich, dass es für uns eine Grenze gibt, die wir nicht überschreiten wollen. Wir entscheiden uns gegen etwas, das uns nicht gefällt, und tun uns etwas Gutes. Vielleicht denken wir beim nächsten Mal daran, dass, wenn wir etwas verneinen, wir nicht die andere Person verletzen, sondern uns selbst schützen wollen.

- Alleinsein
  Auch das ist nicht für jede*n die Erfüllung, erfordert es doch in der heutigen Zeit viel Disziplin, da es überall nur so von Ablenkungsmöglichkeiten wimmelt. Aber mich mit mir selbst zu beschäftigen verschaffte mir ein noch besseres Verständnis für mich selbst. Ich wurde nachsichtiger mit mir selbst und lernte, auf meine Bedürfnisse zu hören.

- Dein Ritual finden
  Um stressige oder herausfordernde Tage zu kompensieren und meinen Körper herunterzufahren, habe ich allabendliche Abläufe entdeckt, die mir und meiner Seele guttun. Ich zünde Kerzen an, oftmals auch Räucherstäbchen, höre leise Musik, mache manchmal ein wenig Sport auf dem Wohnzimmerteppich, lege Karten, nehme eine lange und heiße Dusche, fülle mein Gedankenbuch aus oder schreibe an mich selbst kleine Briefe. Wenn viel Zeit ist, gehe ich an meine Töpferscheibe und stelle meine Gedanken bei Tätigkeiten ab, bei denen

man nichts braucht als seine Hände. Der Verstand darf und soll sogar ruhen.

- Tu, was auch immer d i r guttut

Hab Sex. Viel Sex. Mit dir alleine oder mit deinem Partner oder deiner Partnerin. Auch Masturbation ist eine Art von Meditation. Lies, schlaf, chill auf der Couch. Sieh dir Dokus an, Netflix oder einfach nur das, was dich zum Lachen oder Nachdenken bringt. Schlafe viel, gehe spazieren, räume auf, telefoniere mit deinen Herzensmenschen, meditiere, treibe Sport, mache Yoga oder male. Atme ein, atme aus, koche dir etwas Gutes, nimm ein Bad, trink guten Kaffee oder guten Tee und nimm dir vor allem eines: alle Zeit der Welt.

Grauer Schleier

Viele Wochen lang lebte ich dieses Jahr in einer dunklen Blase. Unter einem »grauen Schleier«, wie ich ihn gerne nenne. Ich war traurig, habe viel geweint. Sehr viel. Ich war müde vom Leben. Müde von all den Veränderungen und eigentlich von allem. Weil ich zu viel vom Leben und den Menschen erwartete. Vieles habe ich hinterfragt, und gegen vieles baute ich eine innere Mauer auf, aus Angst vor Enttäuschungen und Verletzungen. Ich war nicht mehr ich selbst, und irgendwann kam die Frage in mir auf, wo ich denn eigentlich abgeblieben war. Meine Therapeutin sagte irgendwann zu mir: »Jana, dieses Jahr hat dir viel abverlangt. Vieles hat sich verändert. Deine Trennung. Deine Arbeit. Dein neues Leben. Auch du. Aber das ist o.k. Alles Schritt für Schritt. Lass es zu.« Vielleicht ist der graue Schleier ja ein Zeichen dafür, dass es o.k. ist, wenn man sich auch mal zurückziehen muss, wenn Körper und Geist eine Pause brauchen. Wenn auch nur für kurz. Vielleicht ist er da, um durchzuatmen. Vielleicht ist der graue Schleier dafür da, sich klarzumachen, dass man vom Leben nicht immer gleich alles haben kann, sondern man sich auf das besinnen sollte, was man hat und erlebt, um es in vollen Zügen genießen zu können. Auch mal ohne irgendwo einen Fehler oder Haken zu wittern. Vielleicht gibt es den ja einfach nicht. Und da wurde mir bewusst, dass es durchaus Dinge in unserem Leben geben kann, die uns mitreißen und komplett verändern dürfen. Vielleicht ist das sogar normal. Und vielleicht es ist auch normal, dass man danach nicht mehr weiß, wer man selber ist, und vielleicht ist der Weg danach nicht mehr derselbe, sondern gepflastert mit Umwegen. Aber es gibt einen Weg danach, und der darf gelaufen werden. Egal wie lange er dauert. Selbst wenn er endlos ist. Ich glaube, graue Schleier sind anstrengend, machen müde, tun weh, sind zäh, drehen sich im Kreis und sind manchmal auch schwer besiegbar. Aber sie zeigen uns auch klar, dass wir damit beginnen dürfen, vergangene Dinge zu verarbeiten, um neu anfangen zu können. Mit einem neuen Leben. Einer neuen Liebe. Oder einem ganz neuen Weg. Vielleicht muss nicht sofort alles besser werden, sondern Stück für Stück. Und vielleicht darf man dem Leben und der Veränderung die Chance geben, das zu werden, was nun mal daraus werden soll. Und dann – lässt man einfach los.

Heilung

Der Moment meiner Heilung fing an, als ich Entscheidungen, die sich bis dato in meinem Leben richtig und wichtig angefühlt hatten, überdachte. Und ich sortierte plötzlich Menschen aus, die sich bisher so selbstverständlich in meinem Leben tummelten, aber eigentlich gar nicht zu mir gehörten.

Meine Heilung fing an in dem Moment, in dem ich mich fragte, wovon ich eigentlich geheilt sein möchte. Von welchen tiefen Einschnitten in meinem Leben ich mich endlich lösen will und was mich eigentlich in den letzten Jahren so verdammt wütend, verletzt, hilflos, traurig, ratlos und rastlos gemacht hat. Was hat dazu geführt, dass ich anders als früher so voller Selbstzweifel bin, und wie finde ich zu meinem Selbstbewusstsein zurück? Was hat dazu geführt, dass ich mir heute rein gar nichts mehr zutraue und mein Leben wie aus der Vogelperspektive lebe, anstatt selbst ein Teil davon zu sein?

Meine Heilung begann, als ich realisierte, dass meine Selbstzweifel und Niedergeschlagenheit von meiner Abhängigkeit von der Meinung anderer kamen. Ich begann zu verstehen, dass ich in einer Zeit, in der ich mental am fragilsten war, die Bestätigung nur im Außen suchte und nicht im Inneren. Auf der Suche nach der Anerkennung durch andere habe ich die Anerkennung für mich und mein eigenes Leben aus den Augen verloren. Mir war es wichtiger, was das Internet von mir hielt als ich von mir selbst. Mir war es wichtiger, was fremde Leute von mir dachten, statt der Menschen, die mich gut kannten. Mir war es wichtiger, die Bedürfnisse der anderen zu befriedigen als meine eigenen.

Es war, als würde ich permanent einen Marathon laufen, den ich nicht gewinnen kann. Ich wollte doch nur leben, stattdessen erstickte ich fast daran. In ihrem Buch *Ungezähmt*, in dem Glennon Doyle davon erzählt, wie sie sich als dreifache Mutter irgendwann vor lauter Selbstaufgabe völlig verloren hatte, bis sie sich in eine Frau verliebte und ein neues Leben begann, gibt es eine sehr schöne, nachdenkliche und empowernde Passage. Darin schreibt sie, dass sie sich damals fühlte, als stünde sie in ihrem Leben an einem Scheideweg und vor einem riesengroßen Scherbenhaufen. Alles war kaputt, und alles, woran sie noch bis vor Kurzem geglaubt hatte, gab es so nicht mehr. Sie fühlte sich, als wäre alles, was sie sich aufgebaut hatte, in Flammen aufgegangen. Alles lag in Schutt und Asche. Eine solche Situation macht natürlich Angst. Aber auch wenn man vor einem riesengroßen Trümmerhaufen steht, steht dieser Trümmerhaufen gleichzeitig für einen kompletten Neuanfang. Man bekommt die Chance, noch einmal von vorn zu beginnen.

Diese Worte erinnern mich an Harry Potter und an die

Legende des Phönix, der aus der Asche steigt und den Neubeginn symbolisiert. Phönix. Der Feuervogel. Der immer dann, wenn er merkt, dass seine Zeit zum Sterben gekommen ist, in Flammen aufgeht, um wenig später aus der Asche wieder aufzuerstehen. Immer und immer wieder. Das ist sein Schicksal. Was, wenn dieses Schicksal in abgewandelter Form auch das unsere sein könnte? Natürlich möchte ich nicht, dass wir alle buchstäblich in Flammen aufgehen. Nein, ich meine das rein metaphorisch. Was ist, wenn ich erst einmal in Flammen aufgehen musste, um von vorn beginnen zu können?

Was ist, wenn viele von uns im Laufe des Lebens irgendwann an einem Scheideweg stehen und nicht wissen, wie es weitergeht? Was, wenn es Momente gibt, in denen wir nicht mehr weiterwissen oder das Gefühl haben, dass nichts, aber auch gar nichts Sinn ergibt, wir uns im Kreis drehen und glauben, nie die richtige Abzweigung zu finden?

• • •

Vielleicht sind genau das die Momente unseres persönlichen Aschenflugs.

• • •

Vielleicht sind das die Momente, in denen ein kleiner Phönix in uns in Flammen aufgeht und von vorne anfangen will.

Also, lassen wir ihn frei.
Lassen wir ihn und uns in Flammen aufgehen.

• • •

Denn am Ende vom Tag schaue nur ich in den Spiegel und nicht der Rest der Welt.

4

Liebe

Von Schmerz, großem Glück und dem, was bleibt

Das Ziel unseres Lebens – das sollte uns stets bewusst sein – besteht darin, glücklich zu sein mit dem, wer wir sind, mit wem wir uns umgeben, und mit dem, was wir tun.

• • •

Wie das Suchen und Finden von Glück für jede*n aussieht, ist höchst unterschiedlich und individuell.

Meine Definition von Glück beinhaltete damals vor allem die klassischen Eckpfeiler: die große Liebe finden, einen gut bezahlten Job ergattern, heiraten und Kinder bekommen. Das, was mir früher vorgelebt wurde, so dachte ich, müsse auch für mich selbst gelten.

Schnell merkte ich, dass das Leben und die Liebe nicht nur aus diesen Eckpfeilern bestehen, sondern aus weitaus mehr, nämlich aus Abweichungen, und dass das Glück nicht so leicht zu erreichen ist wie gedacht.

Im Laufe der letzten Jahre habe ich viel gegeben, viel genommen, viel gesehen und viel erlebt. Ich wurde verletzt, ich h a b e verletzt, und teilweise habe ich mit brachialer Gewalt versucht, glücklich zu sein. Leider mit den falschen Menschen, an den falschen Orten und zum falschen Zeitpunkt. Damals dachte ich, ich würde daran zerbrechen, so groß war mein Schmerz über Zurückweisung und enttäuschte Hoffnung. Aber in all dem Ballast und all den Momenten, in denen du denkst, du kannst nicht mehr, steckt auch eine wichtige Lektion, die dich stärkt für alles, was danach folgt.

• • •

Wenn du dich also in genau derselben Lage befindest wie ich damals, stelle dir folgende Fragen:

- Mit wem will ich glücklich sein?
- Was macht mich glücklich?
- Wie kann ich es erreichen?
- Wer oder was hindert mich daran?
- Wie bleibe ich glücklich?
- Wen oder was muss ich loslassen, um ich selbst und glücklich zu sein?

Nie wieder toxische Beziehungen

Auch ich hatte sie, diese eine ganz bestimmte Beziehung, in der es mehr Tiefen als Höhen gab. Auch ich hatte sie, diese eine Beziehung, in der man sich selbst mehr und mehr aufgibt, um zu gefallen und sich anzupassen, anstatt vollkommen glücklich zu sein. Auch ich hatte sie, die Beziehung, die mit körperlichem und seelischem Leiden verbunden war. Auch ich hatte sie, diese eine Beziehung, die mir eigentlich kontinuierlich ein schlechtes Gefühl gegeben hat, und dennoch habe ich an der Liebe festgehalten, weil ich dachte, alles würde sich ändern. Auch ich hatte sie, diese eine Beziehung, bei der man mehr aushält, als man ertragen kann, und bei der es besser wäre, es zu beenden, anstatt es weiter zu versuchen, man letztlich aber doch daran festhält, weil man den Schritt der Trennung aus Angst vor dem Alleinsein nicht wagen will.

Auch ich hatte sie, diese eine Beziehung, in der man mehr Enttäuschungen erlebt als Glück empfindet, und ich wusste, ich wollte nie wieder zu so etwas zurück.

Wegen all dieser Vorkommnisse habe ich gelernt, dass man nicht von Liebe reden kann, wenn man von jemandem abhängig ist, ohne glücklich zu sein. Dass man nicht von Liebe reden kann, wenn nur eine Seite gibt und die andere nur nimmt. Dass Liebe nichts mit Lügen und Betrügen, Angst und Gewalt zu tun hat, ganz egal wie oft man wieder zurückkommt. Dass Liebe nichts mit unerfüllten Erwartungen und Sehnsüchten zu tun hat und schon gar nicht mit Hoffnung, die immer wieder stirbt. Die Liebe ist nicht immer wie eine rosarote Brille, durch die alles gleich schöner aussieht. Sie ist auch nicht immer leicht, sie fühlt sich auch nicht immer gut an und ist nicht immer angenehm. Sie hat Ecken und Kanten, gute und schlechte Tage, hat Höhen und Tiefen, und sie ist laut, sehr laut. Aber all das, jedes Gefühl von Liebe, egal wie leicht oder schwer es ist, sollte mit einer Person gelebt werden, mit der sich das alles richtig anfühlt. All diese Situationen damals haben mich gelehrt, bestimmte Dinge nicht mehr zu wollen und schnell zu verschwinden, bevor nicht nur all meine Hoffnungen, sondern auch ich vollkommen verschwinde.

Trennungen jeglicher Art nagen an unserem Selbstwertgefühl, und wie leicht sagen wir uns, dass wir versagt haben und nichts wert sind, obwohl das Blödsinn ist. Aber es ist nur verständlich, dass wir ins Straucheln geraten, weil uns ein geliebter Mensch den Glauben an eine gemeinsame Zukunft genommen hat. Alles, was wir mit einer Beziehung verbinden, ist mit einem Mal fort: Hoffnungen, Träume, Geborgenheit. Plötzlich startet man wieder bei null, und alles fängt mit Babyschritten von vorne an.

Das Wichtigste, was ich mir in diesen Momenten bewusst machen muss, ist, dass ich diese Schritte auch sehr gut alleine machen kann. Auch wenn sie vielleicht anfangs unbeholfen sind und ich das ein oder andere Mal wieder umzufallen drohe. Ich darf straucheln, ich darf taumeln und mich zwischendrin auch mal verlaufen, denn ich suche nach dem Weg, der sich für mich gut und richtig anfühlt. Ich treffe neue, falsche und vielleicht auch andere Entscheidungen. Es kam schon vor, dass ich spontan an einem Samstag zu Ikea fuhr, um mich von der Gardine bis zum Teppich komplett neu einzurichten, weil mich alles in meiner Wohnung schmerzhaft an uns erinnert hat. In dieser Phase des Neuanfangs probiere ich alles Mögliche aus. Viele Dates, keine Dates oder nur ein paar. Keinen Haarschnitt, zu viel Schnitt, zu viel Farbe oder doch zu wenig. Wochenenden zu Hause vor dem Fernseher oder doch durchmachen bis sieben Uhr morgens. Einmal versuche ich es mit viel Sport, dann mache ich wieder gar keinen Sport, lenke mich mit Arbeit ab, habe viel Sex, wenig Sex und manchmal gar keinen Sex. Ich lösche panisch Dating-Apps, nur um sie wenig später doch wieder zu installieren, versuche, mit dem Rauchen aufzuhören, und ende dann doch wieder mitten in der Nacht mit einer Zigarette in der Hand auf dem Balkon.

All das ist ein Prozess.

Ich muss mir klarmachen, dass die alte Beziehung keine Macht mehr über mich besitzt. Ich muss verstehen, dass es kein Zurück und keine Zukunft gibt und dass mich diese eine bestimmte Person schon längst aus ihrem Leben gestrichen hat. Genau das muss ich nun auch tun.

Doch das ist leichter gesagt als getan, wenn man immer

noch den leisesten Hauch von Hoffnung verspürt und man trotz all der Zeit, die vergangen ist, an einem »Wenn« oder »Aber« festhält, weil sich ja immer noch etwas ändern könnte.

Wie viel Zeit habe ich damit verbracht, zu beten und zu hoffen und mich an jeden kleinen Strohhalm zu klammern. Mag er noch so klein gewesen sein. Wie oft habe ich krampfhaft versucht, jedes Lächeln, jede Nachfrage, jede flüchtige Begegnung auf der Straße als eine versteckte Botschaft zu deuten, und wie oft habe ich in jedem gelikten Facebook-Beitrag, jeder gelesenen Statusmeldung oder jedem »Hey, wie geht's« ein heimliches Signal gewittert, dass es doch noch Hoffnung für uns gibt. Aber vergebens. Denn in Wirklichkeit war das nur das höfliche Einschlafen einer Verbindung, die einst aus Liebe bestand und heute nichts weiter ist als eine vage Erinnerung.

Liebe kann flüchtig sein. Ich weiß zwar nicht, wohin sie geht, wenn sie schwindet, aber sie tut es manchmal, was wir meist nur schwer akzeptieren können.

Dieses Phänomen beobachte ich nicht nur bei mir, sondern auch bei meinen Freund*innen und es zeigt sich das immer gleiche Muster. Wie oft saßen wir schon zusammen und unterhielten uns über das »Wenn« und »Aber« und über das, was sein könnte, aber am Ende doch nicht ist. Entweder ist man der Part, der vertröstet, oder der, der vertröstet wird. Beides ist scheiße.

Denn es geht meist einerseits um Abhängigkeit und andererseits um das eigene Selbstbewusstsein, das man erst sehenden Auges zerstört und dann später wieder aufbauen muss. Es geht um den Wunsch, mit einer Person glücklich zu werden, von der wir nicht einmal wissen, ob sie das wirklich erfüllen kann, und um die Illusion, nur mit ihr glücklich sein zu können, weil es sich bei der Liebe in den meisten Fällen um zwei Personen dreht.

Aber wieso sprechen wir nicht auch endlich mal von der Liebe zu sich selbst und darüber, dass man (temporär) auch alleine sehr glücklich sein kann. Dafür braucht man keine*n Partner*in, nur sich selbst und vielleicht noch die Menschen, die man liebt, egal in welcher Beziehung sie zu einem stehen.

Haben wir Angst vor dem Alleinsein und vor der Einsamkeit? Lassen wir uns nur deshalb vorübergehend auf jemanden ein, um die Wartezeit zu überbrücken, bis jemand Besseres daherkommt?

• • •

Früher hätte ich wohl lange nach einer passenden Antwort auf meine vielen Fragen gesucht. Dabei liegt die Antwort eigentlich auf der Hand. Nach all den unbeantworteten Nachrichten, vergeblichen Anrufen, leeren Versprechungen, gebrochenen Herzen, falschen Hoffnungen, nach den vielen Nächten, in denen ich wartete, und nach all den Wünschen, die unerfüllt blieben, musste ich mir eingestehen:

• • •

Wenn mich jemand nur vertröstet, dann steht er einfach nicht auf mich.

• • •

Sich diese Tatsache einzugestehen und die Worte vielleicht schwarz auf weiß vor sich zu sehen tut ziemlich weh, aber sie helfen einem zu verstehen.

Wenn man jemanden liebt, zeigt man es. Wenn ich jemanden wirklich gernhabe, dann will ich in seiner Nähe sein. Dann ist kein Weg zu weit, kein Tag zu kurz, kein Aufwand zu groß, kein Hindernis zu hoch, kein Weg zu steinig und kein Versuch vergebens. Wenn einem jemand wirklich wichtig ist, dann versucht man, es zu zeigen.

In meiner Weiterbildung zur Palliativschwester war ein wesentlicher Bestandteil die Kommunikationslehre, und obwohl ich der Meinung war, schon ziemlich viel über dieses Thema zu wissen, gab es einen kleinen, aber dennoch wichtigen Aspekt, der meine besondere Aufmerksamkeit weckte. Die verschiedenen Arten der Kommunikation waren es, die mich zum Nachdenken brachten. Damit meine ich nicht verbale und nonverbale Kommunikation, sondern dass jede Antwort auch etwas über uns und unser Verhältnis zum Gegenüber aussagt. Eine zügige Antwort, eine verspätete Antwort, eine ausweichende Antwort nach etlichen Nachfragen, eine unehrliche Antwort oder auch gar keine Antwort. Denn kommt keine Reaktion auf unseren Kontaktversuch, ist die Botschaft klar: nämlich Ablehnung oder Desinteresse.

Wenn ich auf das blicke, was ich in so vielen Jahren Dating- und Liebeswahnsinn erlebt habe, würde ich meinem jüngeren Ich gerne Folgendes mit auf den Weg geben:

• • •

Verkaufe dich nicht unter Wert, nur weil du von irgendwem geliebt werden willst, und denke auch mal an dich, anstatt nur an diejenigen, die dich glücklich machen sollen. Glück fängt in erster Linie bei dir selbst an. Steh zu dir und mache dich nicht klein, auch wenn du gerne größer wirken willst. Denke an das, was dir wichtig ist, gib dich nicht mit weniger zufrieden und kämpfe für das, was du willst, auch wenn du glaubst, es nie zu bekommen. Aber in erster Linie für dich selbst.

Liebe wild, liebe laut, liebe stürmisch, liebe gefühlvoll, liebe leise, liebe kurz, liebe lang und lebe die Liebe vor allem auf deine ganz eigene respektvolle Art und Weise. Achte auf dich, deinen Körper und auf deinen Geist. Such nicht nur nach den Coolen, sondern nach den Warmherzigen. Schaue nicht nur auf das Äußere, sondern achte vor allem auf das Innere und lass dich nicht von dem blenden, was du hören willst, sondern achte auf das, woran du im ersten Augenblick gar nicht gedacht hast. Gehe gut mit dir um. Sage Ja zu Dingen, die du willst, und sage deutlich Nein, wenn dir etwas missfällt, und höre auf dein Bauchgefühl. Ihm kannst du am meisten vertrauen. Die Liebe ist keine Hetzjagd und auch kein Spiel. Denn die Liebe ist ein Du. Ein Ich und vor allem ist sie ein Wir.

Mut, zu scheitern

Im Jahr 2021 crashte ich meine eigene Vorstellung von Liebe und Familie. Ich trennte mich von meinem Ehemann und dem Vater unseres gemeinsamen Sohnes nach knapp acht Jahren Beziehung und knapp drei Jahren Ehe. In den gemeinsamen Jahren davor gab es für mich nie einen Zeitpunkt des Zweifelns an der Zukunft, da all meine Vorstellungen vom Leben, der Liebe und dem Glück so eine Definition fanden. Doch irgendwann, vor allem ab dem Zeitpunkt, an dem ich Mutter und wir Eltern wurden, fing ich an, mich zu verändern. Durch meine Therapie und den neu gewonnenen Input meiner Psychologin fing ich insgeheim und unterbewusst an, mein bisheriges Leben, mein Verhalten und meine Wesenszüge zu hinterfragen, sodass ich irgendwann mehr oder andere Dinge wollte als in den Jahren zuvor. Ich entdeckte neue und alte Sehnsüchte. Entdeckte Verlangen, wo vorher keines mehr gewesen war, und hatte das Gefühl, aus dem, was mir so vertraut und ans Herz gewachsen war, ausbrechen zu müssen, um wieder atmen zu können. Lange habe ich diese Gefühle in mir gespürt und gedacht – aber am Ende viel zu selten ausgesprochen.

Ich weiß nicht, wie lange ich noch an meiner Vorstellung festgehalten hätte, so glücklich zu sein oder weiterhin glücklich sein zu können, aber als unvorhergesehen ein anderer Mann in mein Leben trat, ging alles Schlag auf Schlag. Mit Händen und Füßen wehrte ich mich gegen das, was mein Körper und mein Geist von ganzem Herzen wollten. Tag für Tag redete ich mir ein, das Ganze sei nur ein Hirngespinst und viel zu gefährlich, da ich das aufs Spiel setzte, was bis dato mein Leben war. Ich setzte alles auf eine Karte, nur um mit Vollgas ins Ungewisse zu rennen. Wochenlang dachte ich über all das nach. In meinem Kopf schwirrten Sätze umher wie: »Das kannst du nicht tun«, und: »Wo sollst du wohnen?« und nie kam ich zu einem klaren Entschluss. Denn eins war sicher, ich würde meinen sicheren Anker verlieren, wenn ich mich fürs Ungewisse entschied. Und konnte ich das wirklich? Die Antworten darauf schienen mir unlösbar, unerreichbar und nicht machbar zu sein. Ich trug große Schuldgefühle und Ängste in mir. Was bin ich nur für eine Mutter, die ihr Kleinkind und den Ehemann verlässt, um anderweitig neu anzufangen? Wieso riskiere ich das sichere Leben für etwas, von dem ich nicht mal weiß, ob es mich glücklich machen wird? Wie um Himmels willen kann ich jetzt so egoistisch denken, und wieso kämpfe ich nicht um das, was ich habe? Kämpfen, das ist so ein großes Wort, und ich war innerlich so unfassbar müde und leer. Ausgebrannt vom alten Ich. Ausgebrannt vom sicheren Hafen. Ich hätte noch wochenlang auf verschiedene Zeichen hören können, doch irgendwann entschied der Bauch, und ich ging. In dem Moment, als ich die Trennung ausgesprochen hatte, war ich unfassbar klar, sanft und deutlich, ohne forsch zu wirken. Ich wusste, was ich will, und in dem Moment schien alles richtig zu sein. In dem Moment hatte ich keine Angst vor der Veränderung selbst oder der Frage, wohin mit mir oder wie es mit meinem Leben weitergeht. In dem Moment hatte ich nur das Gefühl, das Richtige zu tun. Es waren Momente voller Adrenalin. Es war wie im Rausch. Es hat sich angefühlt, als würde man seine alte, zerfledderte Haut abstreifen, damit darunter wieder etwas Neues wachsen kann.

Erst Wochen später und nachdem das Adrenalin seine Wirkung verloren hatte, kamen die Momente der Wahrheit ans Licht, die sich anfangs weit hinten eingereiht hatten. Neben Momenten des Glücks, neuer Abenteuer und Eindrücke gab es diese innere Zerrissenheit. Dieses Gefühl, dass diese eine Beziehung, meine Ehe, die lange ein Teil meines Lebens gewesen war, vorbei war. Dieses Gefühl, nicht genug um das gekämpft zu haben, was ich mir aufgebaut hatte. Dieses Gefühl, alles in den Sand gesetzt zu haben, was ich immer wollte. Dieses Gefühl, jetzt wieder an einem Punkt zu stehen, an dem ich ganz von vorne anfangen muss, um mir ein Leben aufzubauen, in dem ich glücklich und zufrieden bin, weil ich es im alten nicht mehr war, obwohl es mir an nichts gefehlt hat. Oft saß ich da und fühlte mich wie zwischen den Welten. Zwischen der einen Welt, die jetzt meine ist, und zwischen der, die mal meine war, aber von der ich stets ein Teil sein werde, da es da mein Kind gibt, für das ich Verantwortung trage. Teilweise hatte ich sogar das Gefühl, als Mutter versagt zu haben, da ich nicht wusste, ob ich meinem Kind die Mutter sein kann, die es verdient hat, wenn ich nach meinem eigenen Weg suche. Hat Egoismus in diesem Fall Vorrang? Haben eigenes Glück und Zufriedenheit mehr Vorrang, als dem Kind eine stabile Umgebung zu bieten? Ich fühlte mich in vielen Punkten schuldig. Doch je mehr ich in stillen Momenten darüber nachdachte, desto klarer wurde mir, dass die Liebe, das Glück und die Zufriedenheit immer bei einem selber anfangen. Wenn ich also für mich entscheide, glücklich zu sein und glücklich sein zu wollen, und versuche, mir dieses Glück, mit welchen Mitteln auch immer, zu verschaffen, wird sich das auch auf mein Kind auswirken. Wenn er merkt, dass ich glücklich bin, und das ohne, dass er darunter leidet, kann ich ihm immer noch das Leben und die Liebe geben, die er braucht und verdient. Denn bei aller Bemühung, eigene Bedürfnisse zurückzustecken, würde mir genau das irgendwann um die Ohren fliegen. Und hat jeder Mensch, egal ob Mutter, Vater, in einer Beziehung oder nicht, nicht immer das Recht, das zu tun, was einem Glück und Zufriedenheit bringt, auch wenn es manches Opfer oder manche Umstellung erfordert?! Neben aller Kritik an mir selbst habe ich mir in den Wochen danach viel öfter vor Augen gehalten, dass ich den Schritt der Trennung samt aller Konsequenzen gegangen bin, um mir neue Chancen zu ermöglichen, an denen ich wachsen kann. Und so hat der Moment des »Fallens« auch etwas Gutes. Weil, wer fällt, kann irgendwann auch wieder aufstehen. Vielleicht nicht am selben Fleck. Vielleicht nicht sofort. Vielleicht nicht mit denselben Menschen und vielleicht auch nicht in derselben Umgebung. Aber man tut es für sich selbst, um der eigenen Vorstellung vom Leben ein kleines Stückchen näher zu kommen, auch wenn der Weg dahin nicht der einfachste ist und wahnsinnig viel Mut erfordert.

Über die Angst, neu zu lieben

Ich verliebte mich neu, und keiner bereitete mich darauf vor. Gefühle so groß wie ein Hochhaus, und die Luft hängt voller Geigen. Doch so schön alles ist, ehe man es sich versieht, holen einen wieder die Vergangenheit und die Ängste ein, die man längst besiegt zu haben glaubte. Schon klopft sie an, die Angst, und flüstert dir zu: »Du entkommst mir nicht.« Zwischen Momenten, die so schön sind, dass man sie konservieren möchte, hört man die Stimme, wie sie sagt: »Sei dir nicht so sicher. Irgendwann passiert es wieder.« Und da sind sie wieder, die Unsicherheiten, die Ängste und Sorgen, dass man eines Tages erneut vor einem Scherbenhaufen steht. Und anstatt zu lieben, zu genießen und zu spüren, ist man vorsichtig, zweifelnd und voller Gedanken. Was, wenn ich scheitere? Was, wenn nichts so ist, wie es scheint, und was, wenn die Angst dich daran hindert, einfach glücklich zu sein? Wie oft stand ich rastlos und nervös am Fenster, wollte alles, aber mein Kopf gab mir nichts. Ich war wütend, weil ich es nicht schaffte, einfach mal glücklich zu sein, ohne stets den Fehler zu suchen. Alles war doch gut. Ängste verschwinden nicht von heute auf morgen. Doch das Ding ist, es werden immer die Momente bleiben, in denen du nicht glücklich warst. Es werden immer die Momente bleiben, die dich zu dem Menschen gemacht haben, der du bist. Voller Ängste, Zweifel, voller Furcht und voller Menschen, die das in dir hervorgerufen haben. Das ist unser Leben. Das ist unsere Erinnerung. Schützen können wir uns vor den wenigsten Dingen. Wir können uns nur vor einem schützen: wieder da zu landen, wo wir einst mal waren. Um in der Liebe neu anzufangen, dafür braucht es vor allem Mut. In der Liebe, so habe ich gelernt, fängt alles ganz klein an. Das Vertrauen. Die Zuversicht. Die Offenheit. Die Pläne. Die Nähe. Aber das eine geht ohne das andere. Es ist doch so: Wenn wir uns auf einen neuen Partner oder eine neue Partnerin einlassen, lassen wir uns auch auf deren Vergangenheit ein. Auf Ex-Freund*innen, Verluste, Ängste, innere Dämonen, Charakterzüge, die man im ersten Moment nicht gleich versteht, andere Meinungen, andere Blickwinkel, andere Welten. Man trifft auf verschiedene Lebensstile, die zu einem werden. Auf Hürden, auf Missverständnisse, auf unausgesprochene Dinge, über die man besser reden sollte, auf verschiedene Verhaltensweisen, die einen wahnsinnig machen, die sich aber ändern lassen oder mit denen man letztlich doch ganz gut leben und sie lieben lernen kann. Man begegnet plötzlich auftretenden alten Ängsten, die man zusammen besiegen kann, und vielleicht stößt man auf alte Wunden, die aufbrechen, aber auch endlich geheilt werden können. Aber sollte man sich von all dem abhalten und abbringen lassen, wenn es sich mit der neuen Person im Leben eigentlich doch so gut anfühlt? Genau diese Frage stellte ich mir auch. Ich habe Angst vor vielen Dingen. Davor, betrogen zu werden oder von Dingen nicht zu wissen, die hinter meinem Rücken passieren. Aber vielleicht habe ich solche Angst davor, weil ich all das schon einmal erlebt und sogar selbst getan habe und dadurch weiß, wie sehr es schmerzt. Aber genau diese Angst vor dem, was nicht ist, wirkt lähmend. Dieser Schmerz wirkt lähmend. Er lähmt die Liebe. Er lähmt den Spaß. Er lähmt die Freude und das Glück, das nur darauf wartet, entdeckt und gelebt zu werden. Angst schützt uns, aber sie hemmt uns auch. Deshalb dürfen wir uns in der Liebe nie von der Angst steuern lassen, sonst kann sie nicht erblühen. Vielleicht ist es in der Liebe ja wie mit einer Pflanze. Es kann sein, dass sie nicht wächst, weil ihr etwas fehlt. Manchmal aber hilft ein neuer Standort, ein neuer Topf, ein wenig Erde oder ein neuer Mensch, der sie hegt und pflegt, damit aus ihr etwas Großes wird.

Ein Reminder an mich selbst

In einer Beziehung erwarte ich oft den großen Knall, die großen Gefühle, den besten Sex. Spannung wie bei *Fifty Shades of Grey* und Romantik wie in einem Schnulzenfilm. Viel zu oft setze ich mich und meinen Partner viel zu hohen Erwartungen aus, nur damit diese am Ende enttäuscht werden, weil das Leben und Beziehungen an sich nie so funktionieren wie im Film. Das Leben ist kein Drehbuch, und die Liebe geht sowieso ihren eigenen Weg. Aber das musste ich erst einmal lernen. Ich musste lernen, dass es in den meisten Fällen nichts bringt, viel zu grübeln, hohe Erwartungen zu haben und zu hoffen, dass alles genau so passiert, wie ich es mir wünsche. Ich musste lernen, dass der Mensch, für den ich mich entscheide, nicht irgendeinem Ideal entsprechen muss, um mein Ideal von einer Beziehung zu erfüllen. Denn die ideale Beziehung gibt es nicht. Sie wird immer Höhen und Tiefen haben. So wie das Leben selbst. Irgendwann habe ich über all das nachgedacht. Über all den Druck, all die Erwartungen, all die gesteckten Ziele und falschen Anforderungen an mich, an uns und an die Liebe. So wollte ich keine Beziehung führen. So wollte ich ihn,

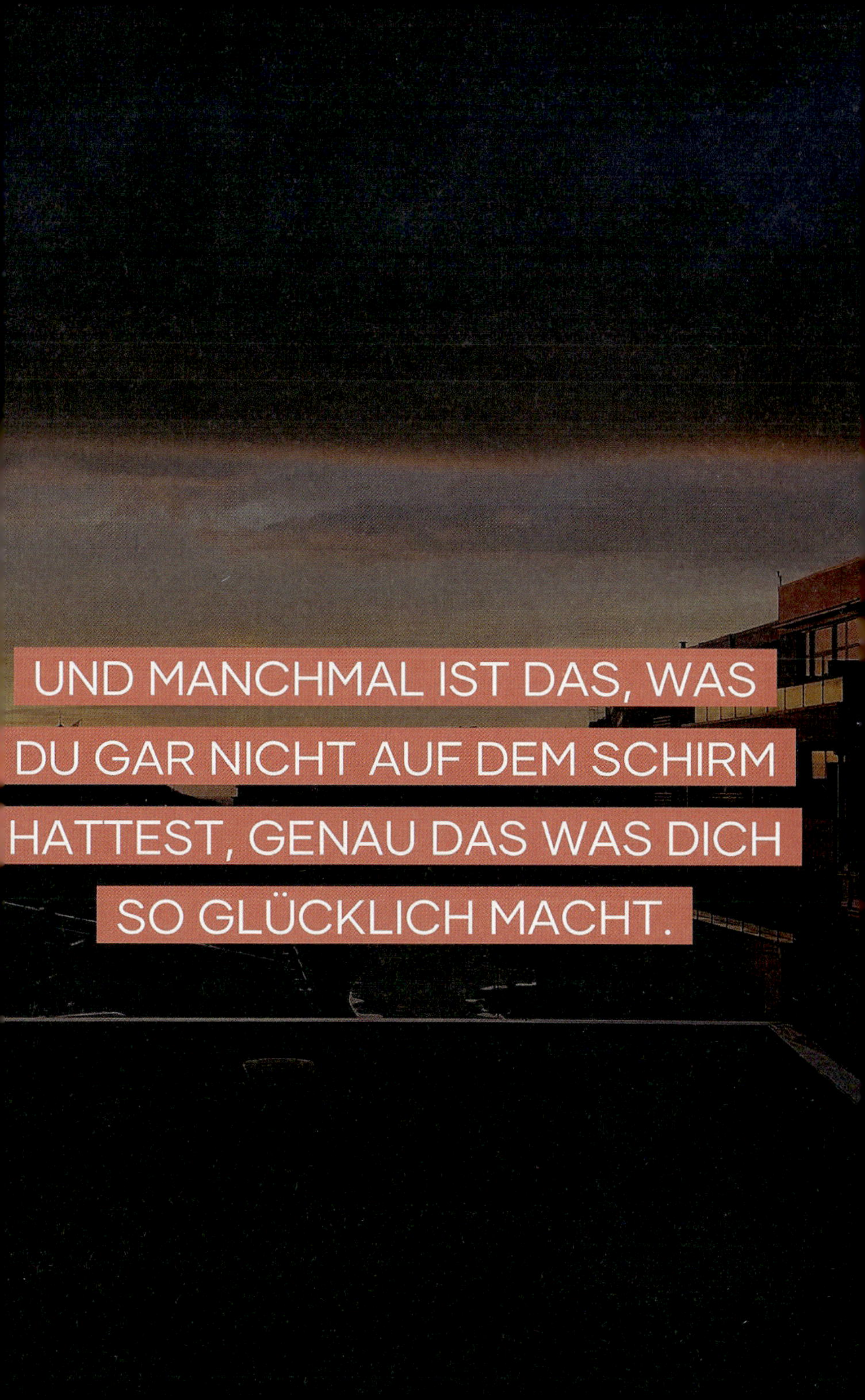
UND MANCHMAL IST DAS, WAS
DU GAR NICHT AUF DEM SCHIRM
HATTEST, GENAU DAS WAS DICH
SO GLÜCKLICH MACHT.

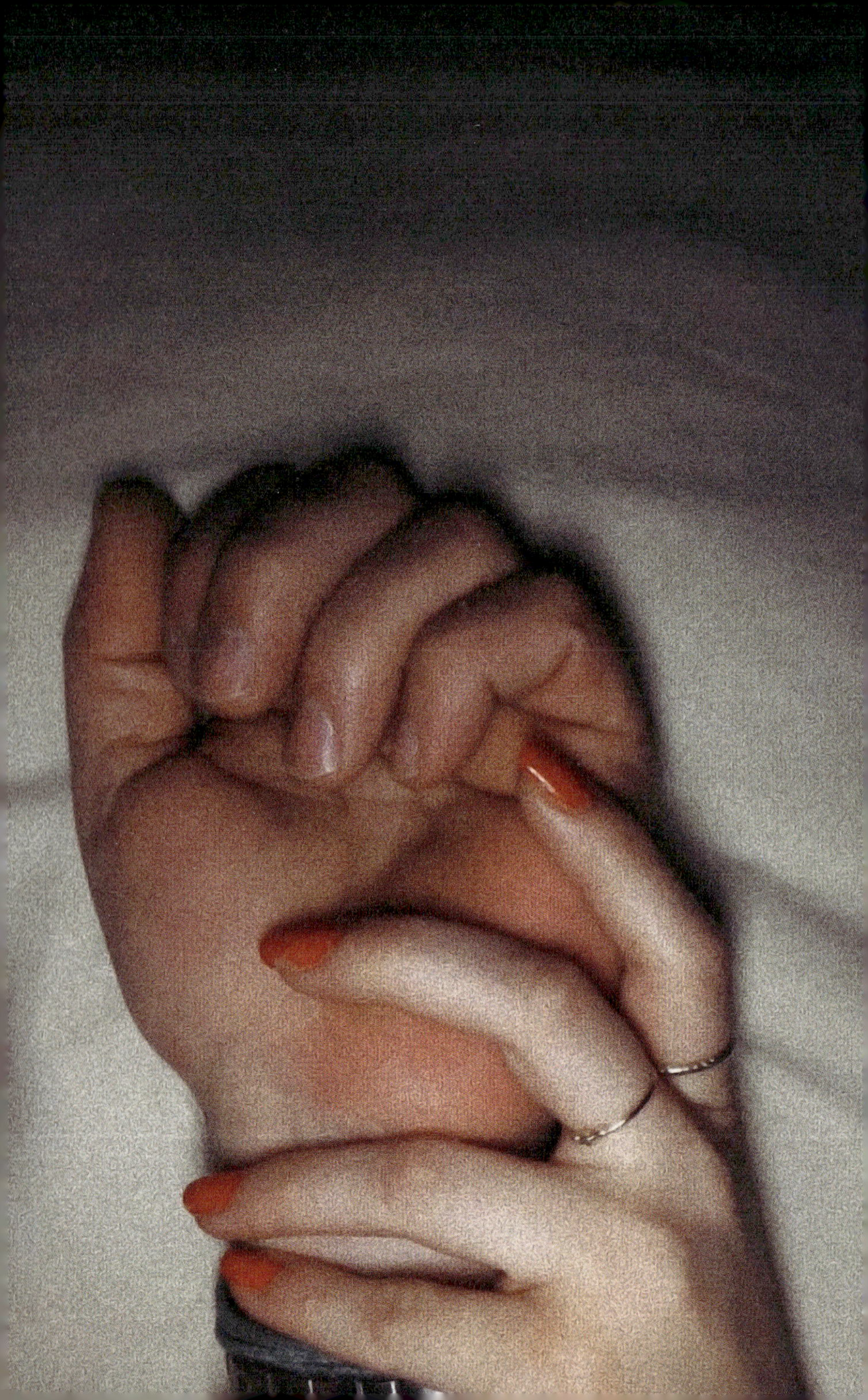

"nur mut"

mich und uns nicht. Und irgendwann ist es einfach passiert. In den kleinen, leisen und unperfekten Momenten, da waren wir einfach wir. Und vielleicht war genau das das Geheimrezept, nach dem ich die ganze Zeit gesucht hatte. Nicht viel nachdenken. Einfach sein. Ohne Druck, ohne eine besondere Vorstellung, ohne die andere Person einzuengen und ohne bestimmte Absichten. Vielleicht ist es nicht das angepeilte Ziel, sich zu ändern, sondern einfach der veränderte Blickwinkel, aus dem heraus manches passiert.

Und vielleicht ist es ja auch genau das, was in unserer und allen anderen Beziehungen das Wichtigste ist, fernab von jeglichem Druck und Perfektionszwang. Vielleicht ist es in einer Beziehung nicht wichtig, so oft wie möglich den besten Sex zu haben, sondern einfach nur einen, der sich mit der richtigen Person richtig und gut anfühlt. Ganz ohne Scham und egal wie oft man ihn hat. Vielleicht ist es in der Beziehung nicht wichtig, jeden Tag das Beste aus sich herauszuholen, um die andere Person damit zu beeindrucken, sondern damit, so zu sein, wie man ist. Mit Ecken und Kanten. Vielleicht machen in einer Beziehung nicht die lautesten Töne die schönste Musik, sondern die kleinen, leisen und kaum hörbaren. Vielleicht muss nicht von vornherein alles perfekt sein, sondern darf sich entwickeln, und vielleicht ist es in einer Beziehung nicht wichtig, nach einem bestimmten Ideal zu streben, sondern sich einfach auf Menschen einzulassen, mit denen man sein Leben ideal macht. Und zwar egal wie lang. *Trust the process. Trust in you.*

Wenn es schwerfällt zu vertrauen

Nachdem ich mich von meinem Mann getrennt und nachdem ich monatelang kaum Traurigkeit empfunden hatte, kam ich irgendwann an einen Punkt, ganz still und leise, der sich das erste Mal nach Trennungsschmerz oder Liebeskummer anfühlte, ohne dass ich wirklich Liebeskummer hatte. Das erste Mal realisierte ich, was in all diesen Monaten passiert war, was ich beendet und neu angefangen hatte. Das erste Mal brach mein innerer Damm, und das Starke in mir brach. Ich war innerlich plötzlich roh und verletzlich, so als hätte man mir meine Haut abgezogen und alle Organe freigelegt. Ich war innerlich schutzlos. Und obwohl es mir eigentlich gut ging und ich genau jetzt die Chance gehabt hätte, frei, unbeschwert und glücklich zu sein, war ich voller Ängste. Ich hatte Angst vor Rückschlägen. Ich hatte wieder panische Angst, betrogen zu werden, dabei war ich doch diejenige, die mein altes Leben betrogen hatte. Ich hatte plötzlich unheimlich Angst davor, dass mir all das genommen werden könnte, für das ich mich gerade erst entschieden hatte. Plötzlich waren sie wieder da, meine Urängste von damals. Plötzlich waren sie wieder da, meine Ängste vorm Versagen, vorm

Alleinsein. Ich hatte Angst, erneut Kummer zu erleiden, enttäuscht zu werden, und witterte überall Gefahr. Ich war in meiner eigenen Blase gefangen, die an mir klebte wie Kaugummi, und hatte den Moment des Absprungs verpasst, um gar nicht erst in diese Blase zu geraten. Plötzlich kamen all meine Verletzungen aus früheren Beziehungen wieder hoch, sodass ich manchmal innerlich erstarrte, wenn es gerade am schönsten war, und verpasste dadurch den Moment, mich fallen zu lassen. Ich verpasste den Moment, einfach ohne Anspannung und Hintergedanken zu genießen. Ich verpasste den Moment, mich mit Haut und Haaren und von Kopf bis Fuß auf meinen neuen Partner einzulassen, weil ich mir selbst nicht die Chance gab, von vorne anzufangen. Ohne Vorurteile. Ohne Zweifel. Ohne dass irgendetwas passierte, das schmerzen könnte. Ich hatte Angst vor mir selbst. Angst vor diesem neuen Leben. Angst vor diesen neuen Gefühlen. Angst vor dieser neuen Beziehung. Angst vor dem, was eintreten könnte, wenn ich einen Moment mal nicht aufpassen würde.

Ich glaube, ich bin vor mir selber erschrocken und davor, dass ich dazu in der Lage war, all das hinter mir zu lassen, was lange genug mein Leben ausgemacht hatte, dass ich mir selber noch nicht ganz verzeihen konnte und nicht wirklich realisierte, dass ich mich plötzlich an einem ganz anderen Ort, mit einem ganz anderen Mann und in einem ganz anderen Leben wiederfand. Das, was ich so sehr gewollt hatte, machte mir plötzlich verdammt viel Angst. Mein Leben war voller neuer Eindrücke, voller neuer Gefühle und neuer Menschen, vieles ging so schnell, und ich kam im Kopf nicht hinterher. Mein Herz und mein Kopf waren so voller Liebe, und ich wollte so viel von ihr geben, spüren und zulassen, aber dennoch kam ich lange nicht an den Punkt, das neue Glück zu genießen.

Zu oft witterte ich noch diesen einen bestimmten Haken, der jederzeit auftauchen und das Glück wieder zerstören könnte. Zu oft witterte ich diesen einen Moment, der mir sagen würde, dass das Glück vergänglich und meine Vorstellung von dieser Beziehung lächerlich ist. Zu oft machte ich mich wieder klein, aus Angst, zu viel zu wollen und zu oft nach etwas zu streben, das nicht erfüllt werden kann. Doch all diese Ängste, all diese Gedanken, all das, was nicht eingetreten ist – und wer weiß, ob es jemals eintreten wird –, existieren nur in meinem Kopf. Dass ich es nicht schaffe, mir selbst und anderen zu vertrauen, liegt nicht an der Situation oder an den Menschen selber, sondern nur an mir und meiner Scheißangst, alleine durchs Leben zu gehen und Fehler zu machen. Ich habe Angst, dass mir meine so teure Sicherheit im Leben mal wieder aus den Händen gleitet. Aber was verbirgt sich hinter dieser Sicherheit eigentlich?

Bedeutet es zu wissen, dass wir bis ans Lebensende neben ein und derselben Person auf der Parkbank sitzen? Bedeutet es zu wissen, dass es im Leben des Partners nur einen Menschen gibt, den er liebt, und dass nichts und niemand dazwischenkommen kann? Bedeutet es zu wissen, dass es nur eine einzige Beziehung in unserem Leben gibt, die uns genau das gibt, was wir brauchen? Oder bedeutet Sicherheit, zu wissen, dass es uns nur mit einem Menschen an unserer Seite gut gehen kann, anstatt auch alleine glücklich durchs Leben gehen zu können? Ich glaube, dadurch, dass ich mich immer über Beziehungen definiert habe und nie richtig lernte, alleine glücklich zu sein, und immer nur das Glück zu zweit anstrebte, habe ich den Punkt verpasst, an das Schicksal und ans Leben selbst zu glauben. Was kann schlimmstenfalls passieren, wenn eine Beziehung scheitert? Was passiert, wenn eine Beziehung mal nicht so läuft wie geplant? Und was passiert, wenn ich endlich anfange, mir selbst und dem Leben zu vertrauen, mit der Gewissheit, dass nach jedem Ende ein neuer Anfang kommt?

Denn wenn man es mal genau nimmt, habe ich genau das schon durchlebt, und ich lebe immer noch. Ich habe eine Liebe verloren und eine neue gefunden. Ich habe bitterlich geweint und wieder gelernt zu lachen. Ich habe ein altes Leben beendet und ein neues angefangen, ohne dass man mich darauf vorbereitet hat. Natürlich war vieles nicht leicht, ich habe an mir und an allem plötzlich gezweifelt, und vielleicht habe ich anderen und mir selbst manchmal die Chance genommen, einfach ohne Hintergedanken zu lieben.

Doch das alles wollte ich so nicht mehr. Ich musste einen Schlussstrich ziehen, denn das Leben hält so viel mehr bereit als Zweifel. Und Schlussstriche, so sagt man, zieht man nicht mit Bleistift, sondern mit Edding. Und manchmal muss man einfach mal aufs Leben und die Menschen darin vertrauen, und das genau j e t z t .

Schmetterlinge

Ein Brief an dich:

Du bist das Erste, woran ich denke, wenn ich morgens aufwache, und das Letzte, wenn ich abends ins Bett gehe. Wenn ich an dich denke, dann denke ich an jeden Morgen, an dem du neben mir auf dem Bett sitzt, über meinen Arm und mein Haar streichelst und mir einen zarten Kuss gibst mit den Worten »Bis gleich, schlaf noch schön«, bevor du zur Arbeit gehst. Wenn ich an dich denke, dann denke ich an die Vorfreude, wenn beim Feierabend die Tür aufgeht, und an mein rasendes Herz, weil es dich spürt. Wenn ich an dich denke, dann denke ich an die Art, wie du mich ansiehst, wenn ich den Raum betrete, und ich denke an die Art, wie du mich fest in den Armen hältst. Wenn ich an dich denke, denke ich an die Art, wie du mich zum Lachen bringst oder wir uns gegenseitig zum Lachen bringen mit demselben Unsinn wie jeden Tag. Wenn ich an dich denke, dann denke ich an lange Autofahrten mit Tausenden Umwegen, an lange Abende auf der Couch, das Einschlafen in deinen Armen, an das Halten meiner Hand und das Tätscheln meiner Nase, wenn ich wieder auf dir liege. Wenn ich an dich denke, dann denke ich an Meer, Strand und Sonne, weil es unser erster Urlaub war. Wenn ich an dich denke, dann denke ich an den Kaffee, den du mir machst, wenn ich noch nicht aufstehen will, und an dein Leben, das du mit zu meinem machst. Wenn ich an dich denke, dann denke ich an deine Projekte, die wir jetzt gemeinsam angehen, und an eine Beziehung auf Augenhöhe und voller Vertrauen. Wenn man mich fragen würde, wie ich die Liebe zu dir definiere, dann wüsste ich auf Anhieb keine Antwort, denn die Liebe hat viele Facetten. Die Liebe hegt viele Erwartungen. Die Liebe ist nicht einzufangen, sie ist laut, leise, mal sanft und auch mal wild. Die Liebe kann wehtun, sie lässt uns wachsen, manchmal wachsen wir sogar weit über uns hinaus. Aber wenn ich eine Antwort geben sollte, dann würde sie lauten: Sie soll so aussehen wie mit dir. Wir bedanken uns mehrmals die Woche beieinander für schöne Abende oder Tage, und als ich dir das heute das letzte Mal schrieb, kam mir gleichzeitig der Gedanke, ob man sich so oft beim anderen dafür bedanken sollte, dass man eine schöne Zeit miteinander hat. Ich kam zu dem Entschluss: Ja natürlich! Unbedingt sogar. Weil es nicht selbstverständlich ist, dass miteinander einfach alles gut ist. Dafür, genau dafür sollte man doch dankbar sein, denn: Es sind die kleinen Dinge, die dafür sorgen, dass man glücklich ist. Es sind die kleinen Dinge, die dafür sorgen, dass ich glücklich bin. Es sind die kleinen Dinge, die mich damals wie heute dasselbe fühlen lassen, und es sind die kleinen Dinge, die jeden Tag dazukommen, damit es auch so bleibt. Es sind die kleinen Dinge, die noch nicht waren, die vielleicht noch nicht ausge-

sprochen oder geschehen sind, aber nur noch auf uns warten. Es sind die kleinen Dinge, weil es schön ist, die Gewissheit zu haben, dass alles gut ist, solange du bei mir bist.

Über die Liebe

Ich habe viel über die Liebe gelernt. Vor allem eines: Sie ist frei, und sie ist unberechenbar.

Sie tut weh, sie ist schön, und sie schmerzt. Und das manchmal sehr. Sie ist wild, unbeherrscht, zäh, leidenschaftlich, sie kann unfair sein, aber sie steckt voller Energie. Mal kommt sie zur Tür hineingestürmt, und mal kitzelt sie einen sanft wie der Sonnenstrahl am Morgen. Mal fühlt sie sich nach allem an, und mal bleibt ein großer Hauch von nichts.

Zu lieben heißt, alles von sich zu geben. Das Herz, den Körper, den Verstand. Und manchmal, da kämpft man auf verlorenem Posten. Liebe sollte sich leicht anfühlen und frei sein wie ein Vogel. Ich habe mich in den letzten Jahren in viele Menschen verliebt und vieles dabei gefühlt. Wut, Liebe, Trauer, Sehnsucht und ganz viel Schmerz. Mal liebte ich lang und mal nur ganz kurz. Ich habe wild geliebt und manchmal verhalten. Mal war ich nur halbherzig dabei, und mal habe ich mein ganzes Herz gegeben. Doch wie oft wurde es gebrochen.

So ist die Liebe.

Liebe sie frei. Liebe sie ungezwungen und ungebrochen. Liebe sie heute. Liebe sie morgen. Liebe sie mehrmals am Tag. Liebe sie stürmisch. Liebe sie sanft. Liebe sie hingebungsvoll und warm. Liebe sie ehrlich und respektvoll. Liebe sie Hals über Kopf. Liebe sie mit Haut und Haar und ganzer Seele. Liebe und lebe sie mit Feuer und Flamme, aber ohne dich zu verbrennen. Liebe sie mit vollem Einsatz, aber komm nicht aus der Puste. Liebe unerschöpflich, aber nur so viel, wie du kannst. Liebe die, die du lieben willst, aber vergiss dabei dich und die anderen nicht. Liebe, sie ist alles, aber nicht immer das, was man dir erzählt. Habe den Kopf in den Wolken, aber zieh die Reißleine, wenn sich's falsch anfühlt. Gib viel von dir preis, aber gib nicht alles von dir weg.

Wenn du liebst, dann lass dir viel erzählen, aber glaub nicht immer, was du hörst. Manches klingt einfach nur gut. Wenn du liebst, dann setz dir Grenzen. Halte sie ein, wenn es schmerzt, und durchbrich sie, um glücklich zu sein. Wenn du in der Liebe spielen willst, dann tue es, aber nicht mit Gefühlen und schon gar nicht mit denen von dir selbst.

Die Liebe. Sie reicht dir eine Hand und bietet dir einen Platz an ihrem Tisch an. Nimm an ihm Platz, aber steh auf und geh, wenn die Zeit gekommen ist.

• • •

Irgendwann fing ich an, über die Liebe zu schreiben, weil sie das Erste war, das ich kannte. Für mich war die Liebe Barbie und Ken. Etwas wie Susi und Strolch, Carrie und Big, Holly und Fred. Es war für mich das, was die Menschen verbindet, und so zog ich irgendwann los, um selbst nach ihr zu suchen. Doch dass der Weg dorthin nicht so einfach ist, musste ich erst lernen. Die Liebe verläuft nicht immer wie ein roter Faden. Manchmal, da reißt er auch, und man muss ihn wieder irgendwo zusammenknoten, und manchmal, da verliert man ihn ganz. Die Liebe ist wie ein Auf und ein Ab, und manchmal ist alles doch nur irgendwas zwischendrin. Sie ist das Glück und der Schmerz, der Kummer, die Freude, das Hoffen und Bangen. Sie ist das Gewinnen und das Verlieren, das Bekommen, das Loslassen, das Ende und der Neuanfang. Ich erinnere mich an Zeiten, in denen ich alles wollte, alles bekam, nur um am Ende doch wieder auf einem Scherbenhaufen zu sitzen. Ich erinnere mich an alles Gute, an alles Schlechte, an jeden Strohhalm, an jede Hoffnung, an jeden Zweifel und an jeden noch so kleinen Moment. An alles, was uns verband, und an alles, was uns trennte. Aber egal wie tief meine Wunden waren und egal wie lange ich brauchte, um diese zu schließen, ließ ich sie mir nie nehmen: meine Hoffnung. Meine Hoffnung nach dem einzig Wahren, mit wem auch immer. Den Wunsch nach dem Wir, dem Uns und allem drum herum. Ich wollte weiterhin Ausschau halten nach den besonderen Küssen zu jeder Tageszeit, nach dem einen ganz besonderen Moment, nach den wilden Schmetterlingen, den schlaflosen Nächten, nach dem Wir in allen Facetten und nach dem Weg, den wir uns beiden ebnen. Mit allen Höhen und Tiefen. Ich weiß nicht, wo ich jetzt wäre, wäre damals alles anders gewesen, und ich weiß nicht, wo ich irgendwann mal sein werde. Aber ich werde nie aufhören, über die Liebe zu schreiben, weil sie das ist, woran ich glaube.

10.07.2020

5

Freundschaft

Nachricht von M.

In den kommenden Zeilen geht es um Freundschaft und um den Neubeginn einer gescheiterten Beziehung. Denn ja, in Freundschaften geht es genau wie in Partnerschaften um Liebe. Zwar in einer anderen Form, aber auch in Freundschaften geht es um Gefühle, gute und schlechte Zeiten, Kompromisse, Höhen und Tiefen und darum, eine andere Person und sich selbst so anzunehmen, wie man ist. In diesem Abschnitt geht es also um eine Freundschaft, die zu Ende zu sein schien, weil keine von beiden bereit war, verstehen zu wollen, wer die andere ist und warum sie so ist, und die Erkenntnis, dass die Zeit doch so manche Wunden heilen kann, um wieder ganz von vorn anzufangen.

• • •

Auf meinem Handy leuchtete eine Pushnachricht auf. Wie immer wenn eine neue E-Mail in mein Postfach geschwemmt kam. Nur nebenbei und ohne großes Interesse überflog ich die Überschrift, die mir aber mit einem dicken »Entschuldigung« ins Auge stach. Als ich weiterlas, fing mein Herz an, schneller zu pochen, mir lief es eiskalt den Rücken hinunter, und meine Hände waren klitschnass.

• • •

Eine Nachricht von M.

• • •

Eine Nachricht von der Person, von der ich mir vor so langer Zeit ein klärendes Gespräch gewünscht hätte. Eine Nachricht von der Person, in deren Leben ich gerne weiter einen Platz gehabt hätte. Eine Nachricht von einer Person, die mir aber keinen Platz mehr in ihrem Leben anbieten wollte.

Sie schrieb mir eine lange Nachricht, in der sie sich für ihr Verhalten entschuldigte und mir von ihren eigenen Problemen mit sich selbst erzählte. Sie berichtete mir, dass sie sich ebenfalls in Therapie begeben und durch sie erkannt hatte, dass sie all das zwischen uns klären will, was nie geklärt werden konnte. Sie bat mich um ein Gespräch, in der Hoffnung, dass es mir ebenso ginge wie ihr und wir uns bei einem Treffen in unserer Heimatstadt versöhnen könnten.

Passierte das gerade wirklich?

In meinem Kopf, nein, in meinem Körper, passierten tausend Dinge gleichzeitig. Mir war heiß und kalt. Das, womit ich schon nicht mehr gerechnet hatte, war eingetreten. Doch bevor ich all das in die Mail tippte, was mir in den Sinn kam, setzte ich mich auf den Boden und atmete.

Offenbar sollte alles so kommen. Auch wenn es lange gebraucht hatte. Routiniert wollte ich im Kopf wieder meine Pro- und Contra-Liste durchgehen und das Für und Wider abwägen. Der Kopf wollte wieder Grenzen stecken.

Aber ich ließ den Bauch schreiben und nicht den Kopf.

• • •

»Hey, ich freue mich unfassbar sehr über deine Nachricht. Ja klar, lass uns uns treffen. Wann passt es dir?«

• • •

Denn vielleicht bedeutet Grenzen setzen auch, dass man sie des Öfteren auch mal durchbricht.

• • •

Wir trafen uns in einem Café, welches sie ausgesucht hatte. Und ich war nervös wie vor dem ersten Date mit der großen Liebe in spe. Unterwegs zog ich den Lippenstift nach, schaute im Sekundentakt auf die Uhr, weil ich dieses Mal nicht zu spät kommen wollte, und hätte vor Aufregung am liebsten auf dem Absatz kehrtgemacht.

Aber Kneifen galt nicht, denn ich hatte schon so lange auf dieses Gespräch gewartet.

Here we go.

• • •

Sie sah wunderschön aus und so, wie ich sie von vor Jahren noch in Erinnerung hatte. Es war eines dieser Gespräche, bei denen man Angst hat, dass man sich nichts zu sagen hat, und in peinlicher Stille beschließt, den Kaffee hinunterzustürzen, um schnell verschwinden zu können. Aber nichts dergleichen passierte. Es fühlte sich an, als wäre nichts zwischen uns vorgefallen. Es herrschte kein peinliches Schweigen oder die Angst, etwas Falsches zu sagen. In dem Moment waren wir einfach nur w i r.

Es war das erste Mal in all den Jahren unserer Freundschaft gewesen, dass wir uns voreinander so offen und verletzlich zeigten und ohne die andere dafür zu verurteilen. Es war das erste Mal gewesen, dass wir uns wirklich zuhörten, denn wir hatten nichts mehr zu verlieren. Entweder wollten wir diese Freundschaft, und zwar mit all ihren Facetten, mit all dem, was in der Vergangenheit passiert war, und mit allem, was da noch kommen mochte, oder nicht. Dann würden wir es einfach als nettes, letztes Wiedersehen abhaken und unserer Wege gehen.

Aber wir entschieden uns füreinander und dafür, den Weg der Freundschaft gemeinsam zu gehen und ihn neu für uns zu definieren.

Wir beide haben seither viel darüber nachgedacht, welchen Zweck diese lange Pause gehabt haben könnte und wieso es so lange gedauert hatte, bis wir uns an jenem Tag wieder gegenübersaßen. Die Antwort lautet: Offenbar brauchten wir die Zeit.

Der Satz »Die Zeit heilt alle Wunden« ist allerdings nicht einer meiner liebsten Sätze. Denn es gibt Wunden, die kann die Zeit, und mögen noch so viele Jahre vergehen, niemals heilen. Aber sie kann, wenn der Zeitpunkt stimmt, Dinge wieder reparieren.

Wir reparierten uns selbst. Und zwar jede für sich allein. Wir definierten uns neu und horchten tief in uns hinein. Was wollten wir von uns selbst und was wollten wir vor allem von der jeweils anderen?

• • •

Unsere Freundschaft scheiterte damals an der mangelnden Bereitschaft gegenüber der anderen Person, ein Stück seiner selbst aufzugeben. Wir scheiterten daran, anzuerkennen, dass nicht jeder Mensch um einen herum so tickt wie man selbst und dass das vielleicht auch gar nicht nötig ist, um am Ende doch zusammenzukommen.

Wir scheiterten damals daran, zu erkennen, was die andere Seite braucht, um gehört und gesehen zu werden, und daran, die eigenen Bedürfnisse zu äußern. Wir scheiterten an uns selbst und an unseren eigenen Gefühlen. Denn diese für sich selbst zuzulassen und dann auch gegenüber anderen zu offenbaren, erfordert Mut. Mut, den wir beide damals nicht hatten. Wir igelten uns lieber ein, anstatt uns verletzlich und nahbar zu zeigen. Und dabei verloren wir am Ende nicht nur andere Menschen, sondern uns selbst.

Unsere Freundschaft basierte darauf, Zeit miteinander zu verbringen, aber wir hatten nie wirklich verstanden, was m i t e i n a n d e r befreundet zu sein wirklich bedeutet.

Zu einer Freundschaft, und das wissen wir jetzt, gehören zwei Menschen, die nicht immer einer Meinung sein müssen, aber sich beide den Raum nehmen und geben sollten, diese zu vertreten.

Raum nehmen und Raum geben waren die beiden wichtigsten Lektionen, die jede von uns für sich selbst erarbeitet hat. Denn du kannst keine Freundschaft führen, wenn es immer nur darum geht zu fordern, ohne selbst etwas zu tun. Und das, was du tust, sollte sich nicht nach Zwang anfühlen, sondern nach etwas, das du gerne machst.

In Freundschaften nehme ich eine Art passive Rolle ein. Ich halte mich im Hintergrund, aber so, dass meine Freund*innen trotzdem wissen, dass ich immer da bin, wenn sie mich brauchen. Für mich selbst ergibt dieses System viel Sinn, und ich fühle mich darin sehr wohl. Weil ich zu verstehen gebe, dass ich mich zwar nicht ständig melde, aber loyal bin, und eine liebevolle, lustige, emphatische und ehrliche Position einnehmen kann, wenn sie gebraucht wird. Ich halte mich oft mit aktiver Kommunikation zurück, weil mir intensiver Kontakt schnell zu viel wird. Es macht mich nervös, und ich gerate unter Druck, dieses Level halten zu müssen, um mein Interesse an der Person deutlich zu machen.

Nicht zuletzt liegt meine Zurückhaltung in der Kommunikation auch an meinen negativen Erfahrungen, durch die ich ein gewisses Misstrauen und die Furcht entwickelt habe, dass die Freundschaft scheitern könnte und ich erneut verletzt werde, falls etwas schiefgeht. All das hatte ich vorher nie kommuniziert. Vor diesem Schmerz wollte ich mich all die Jahre bewahren. Lieber weniger geben und am Ende weniger enttäuscht sein.

Doch dieses System funktioniert auf Dauer für beide Seiten nicht.

Wie wichtig es ist, in Kontakt zu bleiben und vor allem miteinander über seine Bedürfnisse zu reden, habe ich erst gemerkt, als ich aus meiner Heimatstadt wegzog, in der der Großteil meines Freund*innenkreises lebte. Vieles fühlte sich damals selbstverständlich an, da man sich irgendwie ständig über den Weg lief und die Wege zur anderen Person kurz waren. Kaum jemand hatte Kinder, kaum jemand war verheiratet, und viele suchten nach der großen Liebe.

Natürlich tauschten wir uns auch damals untereinander aus, aber die Gesprächsthemen gingen kaum über verheerende Partywochenenden, Saufeskapaden und den neuesten Klatsch und Tratsch aus dem nahen und fernen Bekanntenkreis hinaus. Über sich selbst redete man selten, und wie es tief im Inneren aussah, zeigte man kaum. Rückblickend frage ich mich, wieso eigentlich. Ich denke, wir haben große Angst davor, uns angreifbar und verletzlich zu zeigen, sobald wir Gefühle zulassen und preisgeben. Gefühle machen uns verwundbar, aber gleichzeitig auch so unfassbar stark.

Wir erzählten uns damals alle viel, aber vom echten Leben zu wenig. Was uns berührte und wieso, das blieb im Verborgenen.

Und genau darauf war ich am Ende auch trainiert. Erzähle von dir, aber nie zu viel.

Meine Freundschaften haben immer irgendwie funktioniert, wenn sie greifbar und so etwas wie alltäglich waren. Sie haben funktioniert, weil man irgendwie nicht über sie nachdenken musste, weil sie irgendwie leicht waren oder weil man nur an der Oberfläche gekratzt hat, anstatt in die Tiefe zu gehen. Der Punkt, an dem man an seine Grenzen stieß, das eigene Verhalten und das der anderen reflektieren musste, kam nicht. Alles schien gut so, wie es war. Doch wie jede Beziehung wird auch eine Freundschaft erst dann richtig interessant, wenn die Aufregung verfliegt und der Alltag Einzug hält. Wenn man anfängt, die leisen Zwischentöne zu hören anstatt den lauten Tenor.

Im Laufe der darauffolgenden Jahre entwickelten sich unsere Leben alle in die unterschiedlichsten Richtungen.

Einige zogen weg, und manche blieben. Einige gingen weg und kamen wieder, und andere liebäugelten damit, wegzugehen, konnten sich aber nicht recht dazu durchringen. Manch eine*r heiratete, und wiederum andere bekamen Kinder. Die einen sind glücklich im Job, andere suchen immer noch ihren Platz im Leben, und der Rest wollte sich einfach nicht verändern. Zumindest denkt man das. Man denkt, man selbst und alle anderen sind noch dieselben wie früher, doch das stimmt nicht. Denn wie gesagt, es heißt, alle sieben Jahre verändert sich unsere Einstellung zur Welt. Zu Freund*innen und Familie, zum Job und zu uns selbst. Das Leben, es prägt. Es verändert uns. Das, was einst so schwer war, wird vielleicht ganz leicht, und das, was einst so leicht war, fällt uns irgendwann auf einmal schwer. Und das ist o.k.

Als ich mit M. über unsere Freundschaftspause sprach und über die Wandlung, die jede von uns unabhängig voneinander durchgemacht hatte, stellten wir fest, dass es vielleicht sogar der beste Weg war, unsere Freundschaft zu retten, indem wir sie beide vor die Wand gefahren haben. Denn in dieser Zeit konnten wir an uns arbeiten und an dem, was auf die andere toxisch wirkte, aber uns selbst nie bewusst war. Wir waren toxisch, weil wir die jeweils andere nicht so nahmen, wie sie war. Wir wollten Perfektion da, wo es keine Perfektion gibt, nämlich in unserem Inneren.

Und wenn wir tief in uns hineinhören, dann wünschen wir uns doch nichts anderes als jemanden, der uns so nimmt, wie wir sind. Mit Ecken und Kanten. Mit guten und schlechten Tagen. Und dabei ist es auch völlig egal, wie ähnlich man sich ist. Um sich mit Menschen verbunden zu fühlen, ist es unerheblich, ob man über ähnlich viel Geld oder denselben Status verfügt oder ob man zur selben Musik tanzt. Um sich mit Menschen verbunden zu fühlen, braucht es keine Perfektion, sondern einfach nur Gefühl. Wenn wir tief in uns hinein hören, dann bedeutet Freundschaft, sich gegenseitig die Freiheiten zu geben, die man braucht, um durchzuatmen, zu wachsen und einfach mal für sich zu sein. Denn wir müssen nicht rund um die Uhr und tagtäglich beweisen, wie eng die Freundschaft ist, nur um sich ihrer sicher zu sein. Die wirkliche Verbundenheit zu einem Menschen spürt man darin, dass man ihn ziehen lässt, wenn es sein muss, und ihm die Hand reicht, wenn er sie braucht.

Setze Grenzen, aber gehe auch mal drüber.

Das Wichtigste, was ich gelernt habe, war, die Menschen so zu nehmen, wie sie sind, und nicht so, wie ich sie haben will.

Denn wenn ich eines erkannt habe, dann, dass wir unsere eigenen Vorstellungen oftmals auf andere übertragen und wollen, dass sie genauso reagieren wie wir. Dabei funktioniert das nicht. Jeder Mensch denkt, fühlt und handelt völlig verschieden, und wie verrückt wäre es, erwarten zu wollen, dass jede*r dasselbe tut wie ich?

• • •

In meiner Weiterbildung zur Palliativschwester hörte ich das erste Mal von zwei Wahrheiten. Von der gelebten Wahrheit und von der gefühlten Wahrheit.

Bei der *gelebten* Wahrheit handelt es sich um Dinge, die wir wenig bis nicht verändern können, wie unseren Namen, wo wir herkommen, wer unsere Eltern und Geschwister sind. Diese Dinge sind für jede*n da draußen sichtbar und unveränderbar. Bei der gefühlten Wahrheit jedoch handelt es sich um das, was tief in uns drin vor sich geht, und das kennen nur wir am besten und niemand sonst. Menschen reagieren, wie sie reagieren, als Antwort auf Dinge, die ihnen in ihrem Leben schon einmal widerfahren sind. Egal wie schön oder wie gut diese Erfahrungen waren, sie prägen sich uns tief ein und rufen Gefühle in uns hervor, die wir mit einer bestimmten Situation verbinden.

• • •

Es kann also nicht jede*r nachvollziehen, wie es ist, eine bestimmte Situation durchlebt zu haben, wenn man sie nicht aus eigener Erfahrung kennt. Oder wenn man nicht darüber redet.

Unsere gefühlte Wahrheit erlebten M. und ich jeweils unabhängig voneinander anstatt zusammen, wie wir herausfanden. Aus falschem Stolz, aus Scham und weil wir beide noch nicht bereit dafür waren, uns auch mal verletzlich zu zeigen.

Aber es ist wichtig, zu verstehen, dass wir alle Fehler machen, das ist menschlich. Die Frage ist nur, wie man damit umgeht. Vielleicht kann man auch keine Freundschaften führen, ohne sich verletzlich zu zeigen, denn sonst kratzt man immer wieder nur an der Oberfläche, ohne zu wissen, wer einem gegenübersitzt, und ohne zu wissen, wer man selbst ist.

Wenn die gelebte Wahrheit darin besteht, dass du dich rarmachst, wenn dir der Kontakt zu viel wird, dann ist das deine Form von Abgrenzung und keine Bestrafung. Freundschaft definiert sich nicht durch die Art der Kontaktaufnahme oder durch die Häufigkeit persönlicher Treffen, sondern dadurch, dass man nahtlos beim letzten Treffen anknüpfen kann. Wenn die gelebte Wahrheit darin besteht, dass du kompliziert bist, weil das Leben dich dazu gebracht hat, dann wird es Menschen geben, die genauso sind wie du.

Wenn die gelebte Wahrheit darin besteht, getrieben von den eigenen Gefühlen zu sein, dann wird es immer Menschen geben, die mit einem gehen. Wenn die gelebte

Wahrheit darin besteht, verletzlich und misstrauisch zu sein, weil die Narben tief gehen, dann wird es immer Menschen geben, die dir beim Heilen helfen. Wenn man seine Gefühle offen mitteilt, dann wird es oft als Schwäche oder Belastung ausgelegt, weil es immer bedeutet, dass man daran arbeiten muss. Aber in der Freundschaft ist es wie in der Liebe: Je mehr Arbeit man in sie steckt, desto größer und langlebiger wird das Ergebnis.

Dich emotional zu öffnen bringt dir zwar nicht immer viele Freund*innen ein, und manchmal verlierst du dadurch auch welche, aber die, die bleiben oder die du neu hinzugewinnst, sind die, vor denen du dich nicht schämen musst, du selbst zu sein. Denn genau dafür werden sie dich schätzen und lieben. Und du sie ebenfalls.

Was Freundschaft für mich bedeutet

- Wärme: Eine Freundschaft bedeutet für mich Wärme. Ich fühle mich behütet, beschützt, geborgen und wohl in der Anwesenheit meiner Freund*innen. Es fühlt sich an wie Nachhausekommen. Ich kann sein, wie ich bin.

- Loyalität: Eine Freundschaft bedeutet für mich Zusammenhalt. Ich stehe zu dir. Egal was kommen mag. Ich bin bei dir. Egal wie. Egal wann. Ich gebe uns nicht auf.

- Ehrlichkeit: Eine Freundschaft bedeutet für mich, das Innerste nach außen kehren zu können. Ohne Scham. Ohne Furcht. Eine Freundschaft bedeutet für mich, Fehler machen zu dürfen, Fehler zu verzeihen und gemeinsam an ihnen zu wachsen.

- Gelassenheit: Eine Freundschaft bedeutet für mich, miteinander durchatmen zu können und sich nicht immer so ernst zu nehmen. Sie bedeutet Gelassenheit. Gelassenheit bedeutet für mich Kommunikation ohne Bedingung, Druck und Forderung.

- Vertrauen: Eine Freundschaft bedeutet für mich, einander vertrauen zu können. Vertrauen bedeutet für mich, nicht groß überlegen zu müssen, ob er*sie meine Worte oder Handlungen in den falschen Hals bekommt, und andersherum genauso.

- Nähe und Distanz: Eine Freundschaft bedeutet für mich, sich gegenseitig Abstand zuzugestehen, wenn man ihn braucht, und sich ohne schlechtes Gewissen Auszeiten nehmen zu können. Man weiß um die Innigkeit der Verbindung, um den Bestand der Freundschaft. Man weiß, man funktioniert zusammen. Als Team. Ob nah oder fern. Es bedeutet, miteinander zu reden, wenn es nötig ist, und miteinander zu schweigen, wenn einfach nur die Nähe reicht.

- Hingabe und Verzicht: Eine Freundschaft bedeutet für mich, alles zu geben, aber auch selbst einfordern zu können. Sich gegenseitig die Waage zu halten, ohne zu viel zu wollen und zu wenig zu geben. Sie bedeutet Balance. Geben und Nehmen zu gleichen Teilen.

- Wertschätzung: Eine Freundschaft bedeutet für mich zu lieben. Egal ob man gute oder schlechte Zeiten durchmacht, man weiß um den Wert des anderen und zeigt es. Man nimmt ihn ernst und behandelt ihn respektvoll.

• • •

»Das Einzige, was sich bewegte, waren rotierende Ventilatorenblätter und die Bilder im Fernseher; niemand schien etwas vom anderen zu wollen. Vielleicht ist das die schönste Art des Zusammenseins. Ein völlig unambitioniertes Miteinander mit klaren Rollenverteilungen. [...] In liebevoller Ignoranz, ohne eine Anstrengung zu unternehmen, uns auszutauschen, uns zu verstehen, uns von etwas zu überzeugen.«

Olivia Wenzel
1000 Serpentinen Angst

6

EPILOG

Worte an dich

Hör nie auf, an dich zu glauben, auch wenn du es in dem Moment selbst nicht tust. Hör auf, anderen zu glauben, du könntest nichts erreichen, nur weil sie dein Potenzial nicht sehen. Wir sind viel zu sehr darauf trainiert, auf den ersten Blick das Perfekte zu erkennen, ohne auch nur einen Gedanken an den Blick dahinter zu verschwenden. Doch der lohnt sich.

Sieh dich öfter im Spiegel an und sag dir selbst, wie schön du bist. Was, das hast du schon lange nicht mehr gemacht? Kein Wunder, wir sind ja auch ständig auf der Suche nach dem, was wir eh nicht sind. Nämlich perfekt.

Aber wir sind gut so, wie wir sind. Trotz – nein – wegen unserer kleinen, großen Dellen, Macken, Kerben, Risse, Falten und Gebrauchsspuren, die uns zu denen machen, die wir sind. Kauf dir das Kleid zu groß oder auch zu klein. Kauf die Jeans mit dem weiten Bein, dem hohen Bund oder in der schrillen Farbe. Denn du trägst sie für dich und für niemand anderen sonst. Kauf dir Kleidung für dich, nicht für andere. Mach den Reißverschluss auf, wenn du viel gegessen hast, und lass den Bauch raushängen. Einziehen tut nur weh.

Hab keine Angst davor aufzufallen. Gegen den Strom zu schwimmen, heißt nicht, sich querzustellen, sondern so zu sein, wie man ist und sein will.

Hab keine Angst davor, etwas nicht zu wissen, falsch zu sagen, falsch zu schreiben oder falsch auszudrücken, wir können nicht immer alles wissen. Und wieso sollten wir stets ohne Fehler sein? Wie sollten wir denn ohne sie wissen, was wir beim nächsten Mal besser machen sollen?

Verliebe dich. Verliebe dich schnell. Verliebe dich langsam. Verliebe dich lang. Verliebe dich kurz. Liebe. Dich. Sie. Ihn. Sei aber immer respektvoll. Zu allen anderen und vor allem zu dir selbst. Erkenne, wann es Zeit ist, sich zu lösen, wann es Zeit ist, loszulassen und vor allem zu gehen, wenn am Tisch der Liebe für dich kein Platz mehr ist.

Sei trunken. Vor Liebe. Vor Glück. Vor Freude. Sei trunken vom Leben. Höre auf deine Gefühle. Lache. Weine. Schreie. Trauere. Habe Spaß. Habe Angst. Wage Neues. Probiere Veraltetes noch mal aus, vielleicht kannst du ihm zu neuem Glanz verhelfen, und vor allem, habe keine Angst vor dir selbst. Probiere neue Jobs aus, und beschissene Jobs dazu. Wechsele den Beruf und vielleicht sogar die Stadt. Woher willst du wissen, wo das große Glück auf dich wartet, wenn du nicht über den Tellerrand schaust? Habe keine Angst vor deinen Gefühlen und lasse dir nie einreden, dass du zu viel oder zu wenig von ihnen hast. Verbanne Menschen aus deinem Leben, denen du nie gut genug bist, die dich immer anders haben wollen, als du sein kannst, nimm dir Freiraum, wenn du ihn brauchst, und gewähre ihn anderen. Vielleicht sogar von dir. Was da sein will, bleibt, und was gehen will, findet einen Weg.

Mamas Worte

Im Frühjahr 2021 machte ich einen spontanen Überraschungsbesuch bei meinen Eltern. Die Großeltern freuten sich, ihren Enkel nach langer Zeit mal wieder zu sehen, und ich entschloss mich dazu, eine einwöchige Social-Media-Pause zu machen. Keinen einzigen Tag meldete ich mich online zu Wort, und ich versuchte ganz bewusst, nach langer, langer Zeit, endlich mal wieder das Leben nur durch meine Augen, nicht durch das Handydisplay wahrzunehmen.

Ich sog die warme Frühlingsluft mit all meinen Sinnen auf. Las, in eine dicke Decke gehüllt, im Garten Bücher in der prallen Sonne. Ich legte mich im Park auf die Wiese und genoss den Blick auf die vorbeiziehenden Wolken. Ich ging früh ins Bett, was ich zu Hause nie tat. Ich war nicht mehr so nervös und in Eile, noch schnell ein Projekt abwickeln zu wollen. Ich lag einfach nur da und umarmte meinen Sohn, der sein Gesicht so dicht an meines presste, dass wir kurz davor waren, miteinander zu verschmelzen. Ich beobachtete Raben, wie sie wild durcheinander auf der Wiese hüpften. Ich sah meinem Sohn dabei zu, wie er versuchte, sie zu fangen, und wie er aus jedem noch so kleinen Moment Freude zog. Ich lief an Orten entlang, deren Schönheit ich schon lange nicht mehr wahrnahm, und war vor allem eines: dankbar.

Wie oft war es mir in den letzten Jahren passiert, dass ich Orte, Momente und Menschen nicht richtig wahrnahm, weil ich viel zu beschäftigt war mit anderen Dingen, von denen ich dachte, sie seien wichtiger als das echte Leben. Dinge wie Social Media, Klicks, Zahlen, Aufmerksamkeit und Bestätigung durch Fremde. Ich dachte, all das würde mich zu einem besseren und zufriedeneren Menschen machen. Als wäre es die Wunderwaffe gegen Selbstzweifel und Unzufriedenheit. Als wären sie wichtiger als mein innerer Frieden. Wie oft war ich in den letzten Jahren damit beschäftigt gewesen, mich mit Dingen auseinanderzusetzen, von denen ich dachte, sie würden mich glücklich machen. Doch jetzt, da ich all das mal kurz hinter mir ließ, das ständige Suchen nach irgendetwas, fehlte mir nichts von alledem. Ich war ruhig und friedlich. Ich war glücklich.

• • •

Immer wenn ich zu Hause bin, erzählt meine Mama jedem, den sie kennt, dass ich zu Besuch bin. So stolz und froh ist sie, dass ihre Tochter, die seit Jahren in der Ferne wohnt, sie endlich wieder besuchen kommt. Und sie lässt auch keine Gelegenheit aus, dieser Freude Ausdruck zu verleihen. Sie lässt es sich während meiner Aufenthalte nicht nehmen, mir kleine, liebe Komplimente zu machen. Doch oft, viel zu oft, kamen diese Komplimente in der Vergangenheit bei mir nicht an. Bei meinem letzten Besuch jedoch kam sie zu mir ins Wohnzimmer und setzte sich in den Sessel mir gegenüber. Ohne große Vorrede sagte sie etwa Folgendes:

• • •

Jana, ich sag dir jetzt mal in aller Deutlichkeit Dinge, die du dir auf ewig merken sollst und vor allem dann, wenn ich irgendwann nicht mehr lebe. Sei stolz auf dich, und ich hoffe, du weißt, dass ich stolz auf dich bin. Merk dir, dass wir stolz auf dich sind. Du bist eine so gute Mutter, und du kannst so stolz darauf sein, was für ein tolles Kind ihr an eurer Seite habt. Du gibst ihm so viel Liebe. Er merkt das, wir merken das. Ihr macht alles richtig. D u machst alles richtig. Ich, wir, haben immer versucht, dir das Beste auf deinen Lebensweg mitzugeben. Wir haben immer versucht, dir viel Liebe und Selbstvertrauen mitzugeben, damit aus dir ein guter und selbstbewusster Mensch wird. Ich weiß nicht, wie es dazu kam, dass du so sehr an dir, an deinen Fähigkeiten und an deinem Leben zweifelst. Ehrlich, ich weiß es nicht. Aber ich dachte, es ist mal wieder an der Zeit, dir zu sagen, dass du in meinen Augen alles richtig machst und du dich niemals verstecken musst. Egal vor wem und egal vor welcher Situation. Ich weiß, du denkst, du bist nicht schön genug. Nicht schlau genug. Nicht gebildet genug. Nicht genug von allem. Aber das ist Blödsinn. Schau dich an. Du b i s t genug. Du hast in deinem Leben so viel geschafft. Mit uns. Durch uns. Aber vor allem alleine. Denke daran, dass es völlig egal ist, ob du in einem Raum voller Menschen bist, die auf dich besser, schöner, intelligenter oder gebildeter wirken als du selbst. Du stehst ihnen in nichts nach. Lass sie alle so sein, wie sie sind, oder lass sie in dem Glauben, was sie sind oder sein wollen. Aber du bist du und du bist verdammt gut so, wie du bist. Und lass dir von keinem Menschen auf dieser Welt jemals etwas anderes weismachen. Lass dir von keinem Menschen auf der Welt sagen, dass du etwas anders machen sollst. Egal ob bei deinem Kind, in der Ehe, im Job oder bei dir selbst. Denk an meine Worte. Du machst alles wunderbar. Du bist wunderbar.

• • •

Ich reagiere auf Lob oder Komplimente in der Regel verlegen, würde am liebsten gar nicht zuhören und tue meist so, als würde nichts davon stimmen. Doch als meine Mama diese Worte zu mir sagte, Worte, die mir aus ihrem Mund ganz und gar nicht fremd waren, nahm ich sie das erste Mal so richtig wahr und hörte einfach nur zu. Es war das erste Mal, dass ich sie einfach zulassen konnte, anstatt sie abzuschmettern. Ich hatte das Gefühl, dass ich genau an diesem Tag und zu diesem Zeitpunkt genau diese Worte hören musste, damit sie ihre volle Wirkung entfalten konnten. Sie waren mein Seelenschmeichler.

Ich war nach langer Zeit endlich bereit, ihre Worte anzunehmen, ohne sie wie üblich infrage zu stellen. Denn in den letzten Jahren hatten meine Rastlosigkeit und meine unerfüllten Wünsche den idealen Nährboden geboten für Unsicherheiten und Selbstzweifel. Ich hatte ständig zu hohe Erwartungen, an mich selbst ebenso wie an meine Mitmenschen, und habe vorausgesetzt, dass sie diese für mich erfüllen, damit ich mich dadurch besser fühle. In den letzten Jahren waren meine Selbstzweifel durch äußere Einflüsse wie Schule, Beruf, Trennungen, gesellschaftliche Anforderungen und ständige Vergleiche gewachsen. All das hatte ich so sehr verinnerlicht, dass ich alles, was im Außen passierte, irgendwann nicht mehr infrage stellte und ich mich am Ende komplett darin verlor. Meine Psychologin lehrte mich, dass ich mein eigenes Glück nicht von anderen Menschen und äußeren Umständen abhängig machen darf. Ihrem Rat folgend, wollte ich mich frei von Erwartungen machen. In vielerlei Hinsicht. Ich wollte mich akzeptieren. Ich wollte das Leben akzeptieren. Ich wollte die Menschen, die zu meinem Leben gehören, akzeptieren und unser Verhältnis zueinander. Ich wollte versuchen zu verstehen, dass es Zeit war, mich von allem zu lösen, was mich auf dem Weg der Heilung behinderte.

Und in dem Moment, als meine Mama mir all diese lieben Worte sagte, begriff ich, dass ich gerade dabei war, mein Tal der Tränen zu verlassen und einen Weg hinaus zu finden. Genauer gesagt, mehrere ganz kleine Wege. Aber sie waren da. Ich konnte sie gehen. Ich musste es nur noch wollen.

Die letzten Jahre war ich von vielen Dingen geplagt, aber wovon ich immer zu wenig hatte, waren Selbstbewusstsein und Selbstvertrauen, obwohl ich als Kind doch so viel davon hatte. Warum jetzt nicht mehr? Lange fand ich darauf keine Antwort. Dabei war sie am Ende ganz einfach: weil ich zu viel darauf gab, was andere von mir dachten, und nicht mehr darauf hörte, was mein Körper, mein Verstand und mein Bauchgefühl mir sagten. Ich verlor mich selbst aus dem Fokus. Ich wusste nicht mehr, wer ich war.

• • •

Aber vielleicht ist ja genau das die Herausforderung des Erwachsenwerdens und des Lebens selbst.

• • •

Vielleicht gehört es ja einfach dazu, zwischendrin durch verschiedene Täler der Tränen zu gehen, um am Ende gestärkt auf dem Gipfel zu stehen, um gestärkt weiterzumachen.

• • •

Vielleicht ist es ja gar nicht notwendig, dass wir immer überzeugt von dem sind, was wir machen, sondern auch mal ins Straucheln geraten dürfen, und vielleicht ist es nur wichtig, dass es immer Menschen um uns herum gibt, die an uns glauben.

• • •

Vielleicht heißt Leben ja auch, dass man nicht weiß, wie man es führen soll.

Und vielleicht ist es ja genau die Aufgabe dieses Buches, euch und mir das alles noch mal schwarz auf weiß mit auf den Weg zu geben.

• • •

Dass es o.k. ist, wenn man nicht weiß, wer man ist und wer man sein will.

• • •

Dass es o.k. ist, wenn man auf eine bestimmte Situation keine Lust hat, und dass man sich abschotten darf, wenn einem danach ist.

• • •

Dass es o.k. ist, sich professionelle Hilfe zu suchen, wenn man alleine nicht mehr weiterweiß, und dass es o.k. ist, erst mal alleine nach dem richtigen Weg zu suchen.

• • •

Vielleicht ist ja der Sinn und Zweck dieses Buches, dass du das schaffen kannst, auch wenn du noch nicht daran glaubst.

Vielleicht ist ja der Sinn und Zweck dieses Buches, dass du dich nicht alleine mit deinen Sorgen und Lebensabschnitten fühlen musst, auch wenn du das öfter denkst.

• • •

Vielleicht ist ja der Sinn und Zweck dieses Buches, dass es im Leben nicht diesen einen Weg gibt, den man gehen muss, sondern dass man sich auch mal treiben lassen und Umwege nehmen darf.

• • •

Vielleicht ist ja der Sinn und Zweck dieses Buches, dass der Schmerz, den wir fühlen, legitim ist, er uns aber am Ende nicht umbringt, sondern vielmehr weiterbringt.

• • •

Vielleicht ist der Sinn und Zweck dieses Buches, dass man nicht für alles einen Plan braucht, um planmäßig zu sein.

• • •

Vielleicht ist der Sinn und Zweck dieses Buches, dass man stark sein kann, obwohl man sich schwach fühlt, und manchmal doch schwächer ist als gedacht. Auch das ist o.k.

• • •

Vielleicht ist der Sinn und Zweck dieses Buches, dass Gefühle jeglicher Art nicht nur menschlich, sondern lebensnotwendig sind und dass es nach jeder Niederlage und nach jedem Tief wieder den Moment gibt, ab dem es dir besser geht.

• • •

Vielleicht ist der Sinn und Zweck dieses Buches, dass man lebt. Egal was man sich darunter vorstellt.

• • •

Und vielleicht ist der Sinn und Zweck dieses Buches, dass ich dir einfach sagen will, dass *du* alles großartig machst, auch wenn du in diesem Moment nicht daran glaubst. Aber alles wird sich finden und fügen. Vertraue auf das Leben.

Also lebe.

Lebe laut.
Lebe leise.
Lebe vorwärts.
Lebe rückwärts.
Lebe schnell.
Lebe langsam.
Lebe in deinem Tempo.
Fühle.

Liebe.
Lass dich lieben.
Du verdienst es.

Lebe das Leben. In all seinen Facetten.

7

Herzenstexte

Eine Sammlung nur für dich

Über die Heimat

Manchmal, da braucht es nur einen kurzen Moment. Manchmal, da braucht es nur ein Wort, einen Menschen oder einen Geruch. Einen Gegenstand, eine Melodie oder eine Erinnerung, die uns in das zurückversetzen, was mal war. In das, was sich Heimat nennt. Dann braucht es nur eine Tasche mit Erinnerungen, und man ist mittendrin. Heimat, das ist der Salzstreuer, der auch nach dreißig Jahren noch an derselben Stelle steht, die Notizen, die mit Bleistift geschrieben werden, und die eine bestimmte Blume, die immer noch blüht. Das ist die Badetasche, die man in jeden Urlaub mitgenommen hat, und der Meeresgeruch, der einem heute noch in der Nase hängt. Heimat, das ist das Mandeleis, das man heimlich im Sommer vor dem Essen aß, und die Sonne, die sich auf deinen nassen Badeanzug brannte. Das sind die Handtücher, die bestickt deinen Namen tragen, und das Bett, das nach wie vor in deinem Zimmer mit sauberer Bettwäsche auf seinen Einsatz wartet. Heimat, das ist die gleiche Routine, die immer noch herrscht, und dieser eine bestimmte Stift, der immer noch neben dem Telefon liegen muss. Heimat, das sind die Straßen, die du blind ablaufen kannst, die Orte, die voller Erinnerungen stecken, und das vertraute Gefühl, das immer bleiben wird. Heimat, das sind die Erfolge und Misserfolge, die guten und die schlechten Zeiten. Das sind die großen und kleinen Liebeskummer, die Wut, die Trauer, die Zweifel, die Freude und die Momente, die uns zu den Menschen gemacht haben, die wir heute sind. Heimat, das ist der Aufbruch, das Verlassen und die Wiederkehr. Das ist die Geborgenheit, die wir brauchen, wenn alles andere um uns herum in Chaos versinkt, die Hand, nach der wir immer greifen können, und sie ist der Anfang und das Ende. Das sind die Tränen und all die Momente, in denen man mal glücklich war. Egal mit wem. Heimat, das ist das, was sich stets ändert und doch immer bleibt. Heimat, das ist das, was irgendwann weg ist, das, was man fast vergisst, das, was man mal mehr oder weniger erträgt, aber das, was in Gedanken immer existieren wird. Heimat, das ist die Vergangenheit, alles, was war, und Heimat, das ist das Hier und Jetzt. Immer und immer wieder.

Ich bin gut, so, wie ich bin

Viele denken wahrscheinlich, dass ich immer sehr selbstbewusst bin, dabei bin ich es oft gar nicht. Oft hadere ich mit mir selbst und fühle mich einfach nicht gut genug. Nicht genug für mich und schon gar nicht für alle anderen. Und dann, dann muss ich mich selbst wieder daran erinnern, dass das ja eigentlich gar nicht so ist. Denn eigentlich, da bin ich ja gut genug. Ich bin gut genug, auch wenn ich nicht immer weiß, wie es geht. Ich bin gut genug, auch wenn's nie perfekt werden wird. Ich bin gut genug, auch wenn sich öfter meine Richtung ändert und ich Fehler machen werde, die ich jetzt noch nicht kenne. Ich bin gut genug, auch wenn ich öfter überfordert bin und nicht weiß, wie es weitergeht. Ich bin gut genug, auch wenn ich es nicht für andere bin. Ich bin gut genug, auch wenn ich nicht so bin wie du, sondern einfach nur wie ich. Ich bin gut genug, auch wenn ich alles anders mache und genau so glücklich bin. Ich bin gut genug, auch wenn ich nie die Beste in allem sein werde, sondern nur in dem, was ich richtig gut kann. Ich bin gut genug, auch wenn ich nicht immer das bieten kann, was man sich wünscht, und nicht immer das Beste draus machen will, weil ich manchmal einfach nicht kann. Ich bin gut genug, auch wenn ich mit dem Kopf durch die Wand muss, zu wild auf diesen einen Song tanze, den du nicht kennst, und das mag, was du nicht magst. Ich bin gut genug, auch wenn die Augenbraue verrutscht, das Make-up fehlt oder es auch mal zu viel geworden ist. Die Klamotte zu eng oder zu weit ist, ich mal wieder liebe wie eine Verrückte oder sich meine Gefühle so schnell ändern wie ein Regenschauer. Ich bin gut genug, auch wenn ich alles anders mache als du, über das rede, über das du nie reden wirst, und mir da der Mut fehlt, den du woanders aufbringen kannst. Selbstbewusstsein, das hat mir lange gefehlt, auch weil ich es nie gelernt habe, und schon gar nicht, an mich selbst zu glauben. Und dann denke ich an meine Freund*innen und daran, dass ich sie immer liebe und an sie glaube. Und wenn ich all das bei ihnen fühlen kann, dann kann ich es doch eigentlich bei mir selbst auch, denn wir sind es ja schließlich alle: gut genug. Und das so, wie wir sind.

Freundschaft – Stück für Stück

... Und dann fange ich mich wieder an zu fragen, ob mit mir etwas nicht stimmt und wann ich verlernt habe, mich komplett auf andere Menschen einzulassen. Die letzten Jahre waren irgendwie hart, was das angeht. In den letzten Jahren wurden aus Freunden und Freundinnen Bekannte. Aus Bekannten Freunde und Freundinnen und am Ende doch wieder völlig Fremde. Ich verlor Menschen, bei denen ich dachte, von Freundschaft reden zu können, weil man sich doch schon so lange kannte. Ich würde lügen, würde ich sagen, dass ich nicht auch manchmal schuld an all dem war. Denn bin ich es, denke ich oft, die gewisse Eigenschaften nicht mehr mitbringt, die für eine tiefe Freundschaft nötig wären, und zwar Emotionen und die Bereitschaft, sich zu öffnen? Ich habe seit sehr vielen Jahren innerlich eine Mauer gebaut, doppelt verglast, irgendwas mit Stein oder etwas, das man wenig zerstören kann, und nur selten baue ich alles Stück für Stück ab. Aus Selbstschutz, wie ich jetzt weiß. Denn sobald ich damit beginne, meine Mauer abzubauen und mich zu öffnen, passieren verletzende Dinge, und verletzt werden, das möchte ich nicht mehr. Auch möchte ich andere Menschen um mich herum nicht verletzen, weil ich ihnen nicht das geben kann, was sie sich von mir wünschen. Nämlich meine Aufmerksamkeit. Ich liebe es, mich mit Menschen zu unterhalten, neue Menschen kennenzulernen, mit ihnen zu lachen, ihnen zu helfen und ihnen beizustehen, wenn sie es brauchen. Aber wenn ich nicht das Gefühl habe, mich bei ihnen öffnen zu können, vollständig ich selbst sein zu können, kann es schwerfallen, an mich heranzukommen. Manchmal wünsche ich es mir tatsächlich, eine Verbindung wie Turk und JD, eine verschworene Gruppe wie bei Sex and the City, und manchmal wünsche ich sie mir zurück, die Zeiten, in denen ich all das mal hatte, bis ich mal wieder erkenne, dass mich all das – zumindest im Moment – noch überfordert. Klingt jetzt alles wahnsinnig traurig, oder? Aber muss es nicht, weil ich am Ende auch neben so vielen Zweifeln weiß, dass alles völlig o. k. ist, so, wie es ist.

Wie man zu sein hat

Wir sollten uns schminken, aber dennoch bitte schön natürlich bleiben. Die sein, die morgens gut aussehen, die, die sich schön und sexy zeigen und kochen können. Wir sind nie eifersüchtig, sind am besten überall glatt rasiert und haben die perfekte Figur in allen Lebenslagen. Wir bekommen nie unsere Periode und sind bitte nicht immer so emotional. Wir werden schwanger, sehen immer noch so aus wie aus dem Bilderbuch, bekommen Kinder, und ohne mit der Wimper zu zucken, geht's von vorne los. Knappe Kleidung ist immer 'ne Einladung für gaffende Blicke, Pfiffe und unmoralische Angebote und schuld daran sind immer die, die diese Kleidung tragen. Wisst ihr was? Es nervt mich. Mit Make-up oder ohne macht man anscheinend immer etwas verkehrt, manchmal will man weder schön noch sexy sein, sondern einfach nur Jogginghose, Trainingssocken und seine Ruhe. Eine perfekte Figur wird man für andere wahrscheinlich eh nie haben (wer definiert das eigentlich?). Wichtig ist, wir fühlen uns selbst wohl, so, wie wir sind. Wir sind alle mal eifersüchtig, sind auch mal scheiße wütend, weinen manchmal und riechen morgens aus dem Mund. Wenn ich im Sommer mit 'nem kurzen Kleid aus dem Haus gehen will, ist es immer noch keine Einladung für irgendwen oder irgendwas. Ich hab immer noch keinen Bock auf 'nen Tanga, sondern auf alles andere bis zum Bauchnabel, aber sexy fühl ich mich trotzdem noch. Wir haben hin und wieder Dellen, auch mal Haare überall, mal lässt das Deo nach, nicht jede*r möchte Mutter werden, dass Frauen* ihre Periode bekommen, ist immer noch kein Hexenwerk, und schämen sollten wir uns für all das nicht. Wenn ich am Strand liege mit 'nem Bikini, Monokini, Tankini oder einfach gar nichts Kini, mach ich das für mich und nicht für alle anderen. Selbst das Covergirl aus dem *Playboy* hat mal 'nen dicken Scheidenpilz und muss in die Apotheke gehen, und all diese Worte auszusprechen, ist so wichtig, dass ich sie immer und immer wiederholen will.

Dann hab ich sie halt, die Oberschenkel, die aneinanderreiben. Dann hab ich sie halt, die Hängearme zum Spaghettiträgertop. Dann hab ich ihn halt, den Hintern, der nicht mehr da sitzt, wo er mal war, und dann hab ich ihn, den kleinen Hängebauch, der da jetzt auch seinen Platz hat. Dann ist es eben so, dass beim Sex zwei oder drei Falten mehr zu sehen sind, und dann ist es eben so, dass ich meine Dellen wie in einem Malbuch miteinander verbinden kann. Dann ist es eben so, dass ich eine kleine Brust habe oder vielleicht doch die Brust, bei der es schwer ist, sie zu verstecken. Dann ist es eben so, dass ich einen flachen Bauch habe, und dann ist es eben so, wenn es nicht so ist. Dann ist es eben so, dass nicht jeder die gleiche Größe trägt, und dann ist es eben so, wenn man Zeit braucht, sich zu finden. Dann hab ich sie halt, die Ohren, die abstehen, und den Zahn, der ein wenig schief hängt. Dann hab ich sie eben, die Nase, die ein wenig anders ist, und dann hab ich ihn halt, den Körper – den ich einfach mag. Wir ziehen, zupfen, filtern, schneiden, drehen und wenden, aber irgendwie macht's auch nicht glücklich. Denn ich möchte Fritten essen, mich gut dabei fühlen und danach die Hose öffnen. Ich möchte Sex haben, ohne ständig an mir runterzuschauen, ich möchte mir die schöne Hose schnappen, ohne darüber nachzudenken, den Bikini in der knalligen Farbe tragen, und ich möchte mich so zeigen, wie ich bin. »ICH« sein, irgendwie noch schwerer, als man meint, aber noch viel schöner, wenn man den Weg gemeinsam gehen kann. Ich habe heute so viele geile Frauen kennengelernt, und jede war auf ihre eigene Art und Weise wundervoll. Ich traf Frauen, die sich untereinander unterstützen, egal wie sie aussahen, und ich traf Frauen, die sich gegenseitig feierten, wenn man aus sich herauskam. Unterstützung. Das ist es. Jeden Tag und zu jeder Zeit, denn das Leben ist zu kurz, um uns und unseren Körper nicht zu feiern. Egal wie wir oder wie er aussehen mag.

Einfach sein

Weine, wenn dir danach ist, und lache, wenn es rausmuss. Verteile Komplimente auch an Fremde und sei egoistisch, wenn es nötig ist. Sei alleine, wenn du alleine sein willst, aber sei da, wenn man dich braucht. Tanze zu lauter Musik, selbst wenn dich keiner sieht, und singe zu Texten, die du nicht kennst. Sei glücklich, wenn du es sein willst, und liebe, wie du lieben willst. Mache Erfahrungen, sammle Momente und entdecke, wenn du entdecken willst. Knutsche wie frisch verliebt auf der Straße und mache etwas, das du lange nicht getan hast. Geh ruhig zwei Schritte vor und auch mal drei zurück, manchmal dauert's, aber irgendwann kommst du an.

Für Mama

Ich erinnere mich daran, wie du mich jeden Tag in den Kindergarten brachtest und jeden Mittag wieder abgeholt hast. Ich erinnere mich an all die Kuchen, die wir samstags gebacken haben, und an all die Weihnachtsplätzchen, die ich am liebsten schon im November gebacken hätte. Ich erinnere mich daran, wie du jeden Abend, bevor du ins Bett bist, an mein Bett gekommen bist, um mir »Gute Nacht« zu sagen. Ich erinnere mich an unseren Kinobesuch, an jeden Samstag bei Oma und Opa, den ich mit dir dort verbrachte, und an all die Freunde, zu denen du mich gefahren hast. Ich erinnere mich an die Hausaufgaben aus der Grundschule, und wie ich versuchte, dich zu bestechen, damit du sie für mich machst. Ich erinnere mich an Pfefferminztee und an all die Nutellabrote, die du mir geschmiert hast als Pausenverpflegung. Ich erinnere mich an die Freitage, die wir mit dem Zug nachmittags zu Papa ins Büro gefahren sind, weil du noch kein eigenes Auto hattest, und ich mich vor lauter Angst vor diesem großen Ungetüm hinter dir versteckt habe. Ich erinnere mich an all die Vokabelabfragen und daran, dass ich dich extra die Fremdwörter habe zuerst nennen lassen, weil du nicht wusstest, wie man sie richtig ausspricht, und wir herzlich darüber gelacht haben. Ich erinnere mich an Äpfel mit Zimt und Zucker, an die furchtbaren Tees bei Grippe, an jede Menge Pfannkuchen und die besten Gerichte zum Sonntag. Ich erinnere mich daran, dass du immer da warst, bei egal welchem Ereignis in meinem Leben. Ich war nicht immer fair, und ich war zeitweise nicht immer gerecht, doch immer habe ich dich geliebt. Du hast mich immer unterstützt und nie eine Gegenleistung erwartet. Ihr habt uns vieles in unserer Kindheit gegeben, und doch kann ich eines nicht so wirklich zeigen: meine Gefühle. Nach all der Zeit voller Liebe fällt es mir schwer, diese für dich zu beschreiben. Aber muss ich das? Auf die Liebe passt keine Beschreibung und kein Wort, liebe Mama. Die Liebe, das bist du.

Schneckenhaus

Ich kann sehr laut sein, aber doch bin ich auch gerne ganz leise. Ich kann spontan sein, mag die Aufmerksamkeit und den Rummel, aber ganz oft, da genieße ich den Rückzug in mein Schneckenhaus. Ich liebe meine Freunde, aber dennoch liebe ich das Alleinsein noch mehr. Ich habe mich ganz lange für verrückt erklärt, als nicht normal eingestuft, dass ich auf die Dauer ganz viel nicht mehr aufnehmen mag: den Rummel, die Abenteuer, das Zusammensein, die Aufmerksamkeit. Ich liebe die Gesellschaft von Menschen, aber zugleich werde ich auch schrecklich müde, und dann passiert es, dass ich mich unwohl fühle, nicht mehr bei der Sache bin und nach Hause möchte. Ich lasse in solchen Momenten die Menschen nicht mehr an mich heran, suche Ausflüchte. Nicht, weil ich die Menschen nicht mag, aber einfach nur – weil mir alles zu viel ist. Ich habe viele Menschen in meinem Leben kommen und gehen sehen, viele haben mich in meinem Leben begleitet, ganz viele sind auch wieder gegangen, und wahrscheinlich auch, weil ich verlernt habe, was es heißt, sich komplett auf Menschen einzulassen. Bisher habe ich es nur einmal geschafft, einen Menschen so nah in mein Leben zu lassen und mein Herz so weit zu öffnen, dass ich ihn ständig sehen mochte. Ein Mensch, von dem ich alles wusste und er von mir. Wir kannten die Menschen aus der jeweils anderen Familie so gut wie unsere eigene, waren bei Familienfeiern zusammen und verbrachten Zeit mit den Freunden unserer Geschwister. Nach ihr folgten so viele Menschen, doch keiner würde so sein wie sie. Sie hat etwas in mir hinterlassen, das keiner nach ihr mehr füllen konnte. Eine gewisse Leere und auch eine gewisse Gleichgültigkeit sind entstanden. Heute, da würde ich für meine wenigen Freunde durchs Feuer gehen und würde sie nie missen wollen, doch nirgends fühle ich mich wohler als dort, wo ich mit mir alleine bin. Ganz alleine.

Das verflixte erste Jahr

Es gibt Momente, da muss ich in einen anderen Raum, um ins Handtuch zu schreien. Es gibt Tage, da ist mein Mann nicht mal ganz zur Tür rein, da übergebe ich das Baby wie bei einem Fackellauf und sage: »Jetzt bist du dran, nur für 5 Minuten.« Es gibt Tage, da bin ich grundlos so wütend, dass ich platzen könnte, und es gibt Streitigkeiten, die nicht sein müssten. Es gibt Tage, da hasse ich jedes einzelne Spielzeug, da ich es schon blind beschreiben könnte, ohne hinzusehen, & an manchen Tagen ist der Tag schon beim ersten Augenaufschlag gelaufen. Es gibt Tage, da vermisse ich die Zeit vor all dem hier. Die Freiheit und Unabhängigkeit. Das Rast- und Ruhelose und vor allem meine Arbeit. Ich bin neidisch auf meinen Mann, weil er morgens das Haus verlassen kann und am Abend spät zurückkommt, und manchmal, da schäme ich mich für meine Gedanken. Auf vieles haben wir uns vorbereitet, und wie viel haben wir uns sagen lassen, aber wie hart es manchmal werden kann, das sieht man erst, wenn es so weit ist. Aber dann gibt es wieder die unvergesslichen Momente, dann schnapp ich mir mein Kind, drehe laut Bloc Party auf, tanze mit Tränen in den Augen und viel Gelächter mit ihm durch die Küche, nur weil ich so glücklich bin. So ist das wohl im verflixten ersten Jahr. Du gibst viel auf, bekommst ganz viel zurück, und irgendwann ist man wieder ganz die Alte, aber mit neuen Erkenntnissen. Es braucht alles nur ein bisschen Zeit.

Die Liebe und der Alltag

Manche Tage sind so stressig, da fällt uns erst im Bett ein, dass wir uns nicht geküsst haben. Manche Tage sind so stressig, dass man grundlos sauer aufeinander ist. An manchen Tagen sieht man sich kaum, der Kopf hängt in den Wolken, und Abendessen gibt's erst um 21 Uhr. Manchmal, da vermissen wir uns und unser Leben, bevor wir Eltern wurden. Wir vermissen unsere Spontanität, die Kurztrips, die Nächte betrunken in der Bar, die Schmetterlinge, die langen Küsse. Wir vermissen unsere Wochenenden im Bett, die Küsse unter der Dusche und die Küsse vor der Arbeit. Manchmal frag ich mich, wo die Liebe wohl hingeht, im Stress des Lebens. Wo versteckt sie sich? Die Liebe ist zwar kein Schmetterling mehr, aber sie ist der kleine Post-it auf dem Küchenblock mit einem »Bis heute Abend. Ich liebe dich«. Sie ist die Nussecke, die spontan hinterm Rücken hervorkommt. Sie ist das Lieblingsessen an einem stressigen Tag, ein Liebesbrief einmal im Jahr und eine Nachricht mit einem einzigen Herz. Die Liebe ist ein Handkuss beim Autofahren, ein Erinnerungszettel für deine Termine, der Film, den du hasst, den du aber trotzdem immer wieder mit mir ansiehst, und das kurze In-den-Spiegel-Sehen, bevor die Tür aufgeht. Ich glaub, ich brauch sie nicht mehr, die großen Gesten der Liebe. Die kleinen und unscheinbaren reichen auch. Dann weiß ich, sie ist noch da, die Liebe. Sie ist nicht mehr so wie früher. Nur ein wenig anders.

Ich danke:

Mama und Papa für ihren stetigen Support mein ganzes Leben lang und die grenzenlose Liebe, in allen Lebenslagen.

Ferdi für sein fröhliches Gemüt, das aufgeweckte Wesen. Dafür, dass ich seine Mutter sein kann und er mir gezeigt hat, worauf es im Leben ankommt. Danke, dass du das Beste bist, was ich wahrscheinlich jemals gemacht habe.

Meiner Lektorin Inga für ihr Durchhaltevermögen, mit mir dieses Buch zu erschaffen.

Janine für ihren grandiosen Einsatz, dieses Buch mit der richtigen Grammatik zu gestalten und dafür, für jede Änderung offen gewesen zu sein.

Jaqui für ihr wahnsinnig gutes Auge, mich stets so einzufangen, dass ich strahle und dafür, dass sie sich dazu bereit erklärt hat, auch wenn es nicht immer leicht mit mir war, ein passendes Coverfoto für dieses Buch zu erschaffen.

Felix, meinem Kater. Dem einzigen Lebewesen außerhalb meiner Familie, das es schon zwölf Jahre an meiner Seite aushält, das mit mir durch jede Lebensphase gegangen ist und sich neben mich gesetzt und auf mich aufgepasst hat. Wir beide. Für immer. Always.

Angela für ihre, auch wenn sie es nicht weiß, stetigen weisen Ratschläge, die es teilweise hier in das Buch geschafft haben.

Laura und Pia, meine Therapeutinnen, ohne die ich wahrscheinlich in der ein oder anderen Situation verzweifelt wäre, die mir aber immer den besten Input gegeben haben, um mich und meine Mitmenschen besser verstehen zu können. Vieles, was hier geschrieben steht, ist auch euch zu verdanken.

Ich danke allen, die mich seit vielen Jahren auf meinem Weg begleiten, mir Herzen und nette Worte schenken und einen einzigartigen Austausch über viele Themen ermöglichen. Ich bin mir sicher, würde es euren Support nicht geben, wäre dieses Buch hier niemals entstanden.

Es klingt jetzt vielleicht seltsam, aber ich bedanke mich tatsächlich auch beim Leben selbst. Dafür, dass es so unvorhersehbar und unergründlich ist und es mich schon sehr oft vor große Herausforderungen gestellt hat, bei denen ich dachte, sie nie überwinden oder überstehen zu können. Aber ich tat es. Oft habe ich darüber nachgedacht, ob unsere Wege für uns vorbestimmt sind, und ich denke ja. Rückblickend und mit allen Tälern, die ich durchschritten habe, würde ich trotzdem nichts anders machen. Da mich jeder Liebeskummer, jede Kündigung, jede Freundschaft, jede Begegnung, jeder schöne Moment und jeder Mensch in meinem Leben dorthin geführt hat, wo ich jetzt bin. Ich habe zwar selber immer wieder Fehler gemacht. Große wie kleine. Aber genau diese haben mich vielleicht auf einen Pfad gebracht, den ich ohne sie nie gegangen wäre.